이/원/희 의 컬처 플러스

이원희의

컬처 플러스

CULTURE PLUS

• 이원희 지음

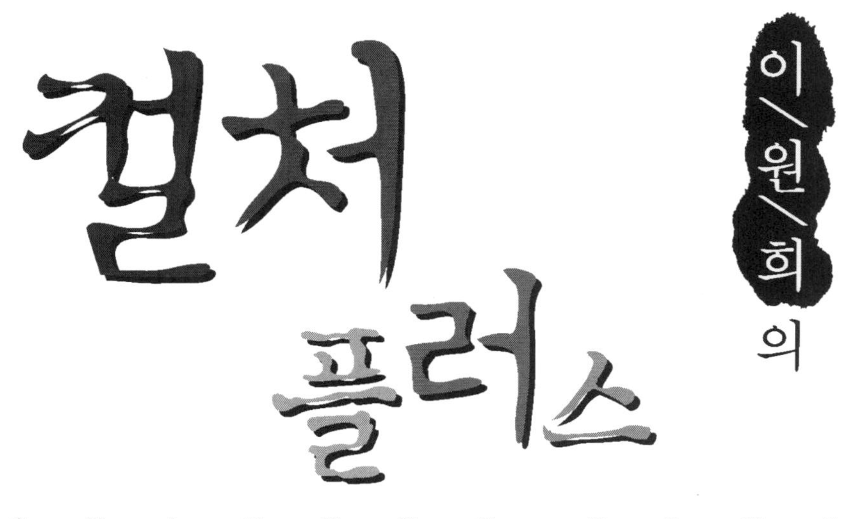

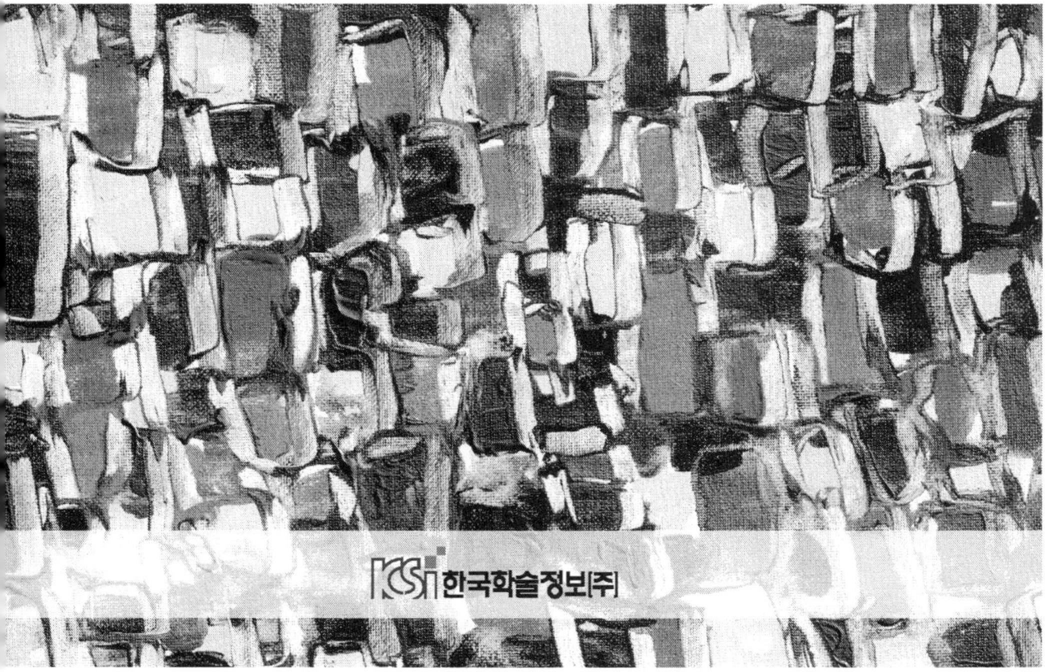

KSI 한국학술정보[주]

미수(米壽)를 맞이하신 아버님께 이 책을 바칩니다.

서 문

　원고를 출판사에 막 넘길 때는 숭례문 화재가 발생한 날이었다. 참으로 어처구니없는 사건이었다. 국민의 자존심이 무참하게 무너졌고, 부끄러운 국가 이미지를 또 하나 만들었다. 대한민국은 아직도 건설해야 할 나라이다. 국보 1호로 지정했다지만 이를 관리하는 정부의 각종 기관과 유관 사설 업체들은 형편없었다. 문화재에 대한 인식은 평소에도, 불타는 중에도, 처참하게 타버린 후에도 변함없었다. 어처구니없는 이 지조는 무엇인가? 한마디로 기본의 부재다.

　아픈 기억을 굳이 떠올리는 건 우리에게 문화의식이 있는가를 되짚어 보기 위함이다. 무엇이 문화의식인가. 한마디로 고품질 삶을 지향하는 정신이자 실천적 행동강령이다. 그러나 숭례문 화재를 통해서 또 다시 우리의 빈자리를 절감하였다. 그건 결핍이 아니라 아예 송두리째 없어진 문화의식의 ‘실종’이다.

　정보기술시대는 문화정치학을 필요로 한다. 손길과 손길, 눈길과 눈길, 숨과 숨의 따뜻한 만남이 현저하게 줄어든 대신 기계와 물질이 지배하는 시대. 인간의 품성보다는 정보와 기술의 기술적 관리능력이 요청되는 정보시대에는 인간성을 회복해야 한다. 인간이 만들어내는 모든 제도와 유형, 무형의 인식적 현상 일체가 고품질 삶을 위해 봉사해야 한다. 이것이 문화정치학이다.

숱한 출판물이 문화라는 타이틀을 걸고 쏟아져 나오고 있다. 이런 판국에 이 책의 출판이 숲을 황폐화시키는 또 하나의 지구파괴범이 되지 않을까 저어된다. 하지만 문화라는 표피 속에 들어있는 정신의 토대를 인문학적 사유로 접근했다는 점에서 이 책은 다른 문화 주제 도서들과는 다르다고 자위해본다.

이 책 속의 내용은 이 년여 동안 전북도민일보에 매주 연재했던 글들이다. 컬럼인지라 시의성을 아무래도 담고 있어야 하지만 그렇지 못한 점이 많은 것 같다.

꽃이 발밑에서 웅성거리는 이월.
새봄과 더불어 우리들의 마음에도 꽃이 만개하기를 기원해본다. 숭례문의 아픈 기억을 또다시 만들지 않으려면, 이 시대를 살아가는 모두가 고품질 삶을 만들어내는 문화적 장인이 되었을 때 가능한 일이 아닌가 싶다.

봄날을 기다리며
이원희

목 차

contents

contents

느림의 미학

　　지난 70년대 우리의 국가적 목표는 경제성장이었다. 남보다 부지런히, 많이, 빠르게 몸을 부려야 잘 살 수 있다는 기치 아래, 증산·수출·건설 라인에 속도를 실었다. '바쁘다 바빠'라는 유행어를 낳을 정도로 그때는 정말 아찔한 현기증의 속도에 우리의 정신과 육체를 몰아넣었다. 그 결과 우리는 지금의 경제적 풍요를 누리고 있다. 뿐만 아니라, 욕망이 작동하면 즉각적으로 소유할 수 있는 유통, 소비 시스템도 구축되었다. 어디 그뿐인가. TV 리모컨, 패스트푸드, 온갖 인스턴트 식품과 일회용 물품 등 이른바 '즉각 품목'들이 즐비한 시대. 호주머니 사정만 허락한다면 원하는 건 언제 어디서든 쉽게 구할 수 있게 되었다.

　　그러나 물량적으로 보다 많이 생산하고, 보다 많이 소유하며 쉬게 목표치에 도달하고, 손쉽게 소비해 버리는 것이 과연 진정한 행복과 비례하는지 생각해 볼 일이다. 오직 성장과 발전, 성공과 출세의 앞길을 향해 그저 무소처럼 달린다. 먹고사는 문제는 예나 지금이나 별반 차이가 없기에 잘 살아 보겠다는 욕심에는 변함이 없다. 물론 잘 사는 것은 매우 중요하다. 가난이 미덕은 아니기 때문이다. 잘 살기 위해 우리는 최선을 다한다. 고지를 향한 힘찬 질주다. 그 질주가 절박하기에 오직 앞만 보고 달릴 뿐 주변에 눈길 주기가 용이하지 못하다. 그래서 우리는 삶의 과정으로서의 즐거움은 경험하지 못할 때가 많다. 마치 먼 산만을 바라보며 달리면서 중간 중간에 들어오는 들녘이나 숲의 아름다움은 눈 밖에 두는 것과 같다.

우공이산愚公移山이라는 말이 있다. 산을 옮겨 놓듯 느리게 사는 삶. 오직 삶의 발전만을 위해 허위단심으로 달려왔던 지난 시간의 입장에서 볼 때 이런 느린 삶은 턱도 없는 일이다. 하지만 진정한 삶의 가치나 행복은 어디에 있는가. 장자莊子의 소요逍遙나 아리스토텔레스의 산책은 인류 역사에 커다란 정신적 지평을 열어주었다. 산책의 철학. 서두르지 않고 조용히 자연과 자아를 관조하면서 삶의 진정한 길을 찾았던 이들의 모습이 빛나 보이는 이유는 뭔가? 그것은 속도감에 도취된 채 자아마저 잊고 사는 현대인들에게 반사적 교훈을 주기 때문이 아닐까. 서두르지 않고 그렇다고 게으름도 없이 찬찬히 산책하노라면 아무래도 자신을 낮추게 된다.

　행복은 먼 데 채색구름 위에 앉아 있는 것이 아니다. 나와 이웃에 눈을 두고 자신을 반성하면서 이웃과 더불어 나누는 삶이 행복이다. 있는 것에 대해 무한정 욕심을 부릴 것이 아니라 현실사회에서 우리에게 진정 있어야 할 것, 필요로 하는 것이 무엇인가를 항상 생각하며 부족한 점을 보충하려고 노력하는 것이 생의 가치이다. 속도의 경쟁에서 밀려난 자들에게 내 몸과 같은 관심, 따뜻한 시선으로 소외되고 억압된 자들을 일으켜 세우는 일이 그나마 속도의 시대에서 우리가 챙겨야 할 최소치의 양심이다. 현재의 입장에서 내가 어디로 가고 있는가, 나는 과연 삶의 기본 문법에 맞게 살아가고 있는가. 이러한 스스로의 질문과 반성은 설령 목표도달에 다소 속도가 느릴망정 실수가 덜한 삶을 다져 나갈 수 있다. 따라서 느리게 산다는 것은 게으름이 아니라 순간순간 최선을 다하면서 스스로의 삶을 반성하는 태도이다.

　오일삼성吾日三省이라는 옛말이 있다. 하루에 세 번은 그렇다 해도 하루에 한 번 정도는 자신의 삶의 방식에 대해 진지하게 되돌아보는 자세가 필요하다. 하여, 반성의 덫에 걸리는 자신의 삶의 방식이 있다면 다소 더디게 생을 걸어간다 해도 수정하고 또 수정하는 여유가 있어야 한다. 이것이 바로 느림의 미학이다.

쪽박 예산, 대박 영화 <왕의 남자>

개봉 한 달 남짓인 영화 <왕의 남자>가 관객 800만 명을 돌파했다. 기록적인 일이다. 막대한 제작비가 투입될 사극의 형식임에도 고작 41억 원으로 그 기록을 낳았다니 혀를 내두를 일이다. <킹콩>이 2천억 이상을, 우리 영화 <태풍>은 100억 원대의 돈을 투자했다. 이들 영화에 비해 턱없이 낮은 예산으로 만든 <왕의 남자>가 고예산의 영화들을 뒷전에 놓고 흥행에 성공하면서 연일 팡파르를 울리고 있다. 이유가 있을 법하다.

영화의 원작인 연극 〈 이爾 〉는 잘 나가는 영화 덕으로 연장 공연에 이미 발을 내딛어 이 달 말까지 예약석이 동난 상태다. 뿐만 아니라 서울예술단에서는 뮤지컬로 제작하자고 러브콜도 한다. 불과 몇 달 사이에 희곡집으로는 흔치 않은 1000부 이상이 팔려 낙양의

지가를 올렸으며 뮤직 비디오, 영화삽입음악O.S.T도 덩달아 즐거운 비명을 지른다. 가히 원 소스 멀티 유즈one source multi use의 문화 컨텐츠 확장을 충분히 만끽하고 있는 셈이다.

노동과 물질의 마르크스적 자본논리를 넘어서 지식과 정보가 자본증식의 유력한 도구로 부상된 것은 어제오늘의 일이 아니다. 이제 문화와 예술은 재능 있는 서글픈 예술인들의 물외物外의 고독한 작업이 아니다. 시쳇말로 한번 '뜨면' 작품이 여러 가닥으로 확대 재생산되어 우리의 정신을 흔들어 놓는다. 그러니 문화 컨텐츠 하나 잘 개발만 하면 막대한 부의 창출은 저절로 찾아든다.

현재 <왕의 남자>가 바로 그 중심에서 파다한 인기를 끌고 있는 것이다. 어떤 숨은 마력이 있기에 연극에서 영화로 다시 뮤직 비디오와 뮤지컬과 음반으로 얼굴을 바꾸면서 확대 재생산되며 다양한 변용을 가능케 하는 걸까? 쪽박의 예산으로 대박을 터뜨리는 알속 모를 그 속을 들여다보면서 감추어진 코드를 풀어보자.

영화는 역사적 사실인 연산과 장녹수의 관계를 따와 현재적으로 재구한 이른바 '시대극'이다. 정통사극이 역사현실을 민감하게 포착한다면, 시대극은 단순히 역사의 한 구석을 소재로 취할 뿐 영화세계는 허구적 상상력으로 구성된다는 점에서 사극과 다르다. <셰익

스피어 인 러브> 같은 영화가 그렇다. 따라서 시대극은 시대적 풍물과 의상 등의 고증적인 사료를 제외하고는 스토리는 허구적 줄거리가 된다. 놀라울 일은 시대극이 사극보다 더 역사적일 수 있다는 점이고 더욱 진실한 삶의 실존에 다가갈 수 있다는 사실이다. 그래서 시대극이 사극보다 훨씬 판타스마fantasma에 기초하여 예술성이 높은 경우가 많다.

<왕의 남자>는 볼거리가 풍부하다. 광대들의 걸쭉한 육담이 풀어지는 소학지희와 살판, 줄타기, 인형놀이, 농악 등 산대지희가 질펀하게 펼쳐진다. 비주얼 아트라는 기본 정신을 십분 살린 셈이다. 아울러 광대와 권력자와의 비대칭적 관계설정도 관객에게 야릇한 호기심을 자극하기에 맞춤하다. 칠득이와 팔복이의 특성 있는 캐릭터가 양념 노릇을 톡톡히 하고, <햄릿>의 경우처럼 은폐된 진실을 찾기 위해 설정된 극중극 장면도 관객의 상상력을 흔든다. 그러나 주목되는 점은 남자인 왕에게 남자가 있다는 사실. 문제적인 군주 연산, 슬픈 권력자의 뒷그림자에 있을 법한 또 하나의 삶을 천출 광대와의 관계로 설정해 동성애의 기미를 슬며시 엿보게 한다.

극중극을 통해 자신의 근원을 파괴한 자에 대한 복수의 칼과 광대 공길에게 향하는 연산의 연민 어린 시선이 교차하는 사랑과 복수의 이원적 코드를 비롯해 영화는 몇 가닥의 중심화제를 얽어 놓

아 상상력을 과다하게 요구하지 않으면서도 밋밋하지 않게 설정된 스토리 라인과 풍부한 볼거리, 권력 주변부에서 맴도는 속물인간이 광대의 놀음놀이에 의해 몰락하는 설정 등이 영화적 묘미를 주는 요인이다. <서편제>에 이어 민족예술의 진솔한 해학과 놀이, 역사에 대한 상상적인 접근방식, 이런 것들이 대박으로 키워낸 햇빛이다.

다시 사랑으로

우리들은 어떻게 태어났는가
사랑에서
우리는 어떻게 멸망할 것인가
사랑이 없으면
우리들은 무엇으로 자기를 극복할 수 있는가
사랑에 의해서
우리들을 울릴 수 있는 것은 무엇인가
사랑
우리들을 늘 결합시키는 것은 무엇인가
사랑

　독일 문호 괴테의 시다. 우리는 태어나서 죽을 때까지 내내 사랑
에 뜨겁고 사랑으로 아파한다. 이 이중의 모순이 짠 피륙을 몸에
두르고 살고 있다. 그러나 사랑이 없다면, 우리에게 사랑이 실종되

어 버린다면, 그 삭막한 모래바람의 인생을 어찌 걸어갈 수 있으랴. 나이가 들수록 누구나 주름이 생긴다. 세월의 흔적 혹은 격정적인 생을 걸어온 일종의 표시인지도 모른다. 생물학적으로는 세포의 노화현상으로 설명할 수 있겠지만 구체적인 삶의 입장에서 본다면 적어도 얼굴의 주름은 굴곡진 삶에 비례한다고도 할 수 있다.

그렇다. 인간은 세상이 열려진 까마득한 날부터 지금까지 고단한 삶을 산다. 그 주범은 욕망과 집착이다. 삿된 욕망이든 정당한 욕망이든 욕망이 자라면 집착을 낳고 집착은 자기동일성을 파괴하기 십상이다. 그래서 우리는 혼란스럽고 애성 바치며 소란스러움에 몸서리를 친다. 하지만 부서져 떨어져 나갈 것만 같은 생을 그래도 다져 나가는 것은 다름 아닌 사랑이다. 분명 사랑은 위대하다. 그래서 종교와 학문의 최종 도달점을 인간과 지혜에 대한 사랑에 두고 행함을 그 목표로 삼고 있는지 모른다. 어디 그뿐이랴. 인간가치를 높이고 존재의 의미를 더욱게 하는, 도틀어 말해 '문화'라고 하는 모든 현상이 바로 '사랑'을 중심에 둔다. 역설적으로 사랑이 제거된 문화는 문화가 아니다.

우리 고전의 대표성을 갖는 <춘향전>만 보더라도 작품을 꿰미로 묶는 건 사랑이다. 어디 <춘향전>뿐이랴. 고전의 반열에 오른 숱한 작품들은 모두 '사랑'을 중심주제로 담고 있다. 중세문학의 백미인

<트리스탄과 이졸데>를 비롯하여 셰익스피어의 <로미오와 줄리엣> 그리고 우리의 <황조가> 이래 쏟아져 나온 별빛 창창한 사랑이야기는 이루 헤아릴 수 없이 많다. 이처럼 바다의 동서를 막론하고 사랑을 주제로 한 삶의 이야기가 부지기수로 많음은 무엇을 의미하는 걸까. 철학적 논변은 덮어두고라도, 사랑은 인간사회에서 가장 위대한 보물이라서 그런지 모른다. 지구가 멸망하는데 너를 특별히 가상히 여겨 지구를 탈출하게 해줄 테니 가지고 싶은 걸 세 가지만 가지고 떠나라. 신이 어떤 이에게 이렇게 말씀하셨다. 요샛말로 하면 으레 신용카드나 휴대폰, 여자친구 따위가 거론될 법한데 어떤 이는 대뜸 다음과 같이 말했다. 어머니와 꽃 그리고 사랑이랑 떠나고 싶다고……

사랑은 단순히 추상적인 관념이 아니다. 꽃은 지상에 존재하는 자연물 가운데 사랑이라는 관념을 대표하는 사물이다. 어머니는 어떤가. 인간 가운데 사랑이라는 관념에 가장 근접한 존재가 바로 어머니가 아니던가. 이로 보면, 사랑은 불가시하고 무정형의 모호한 게 아니라 구체적으로 우리의 삶 둘레에 존재하는 이름 있고 가치 있는 대상이라고 할 수 있다. 따라서 사랑은 단순히 연인과의 교류적인 감정에서 솟구치는 불잉걸 같은 뜨거움만은 아니다. 사랑은 자연과 인간 그리고 주변 사물에 온전한 시선을 가질 때 형성되는 그런 가벼움이기도 하다.

　사랑의 감정으로 대상을 바라보자. 그러면 대상 역시 장밋빛 꽃으로, 포근한 어머니로 나에게 온다. 그러니 어찌 사랑이 무겁다고만 할 수 있는가. 대상을 온전히 바라보는 것은 관찰과 탐색을 낳고 탐색은 지식을 낳는다. 이런 논리를 죽 따라가면 레오나르도 다 빈치가 말한 대로 사랑이야말로 지식의 어머니라고 할 수 있지 않을까.

비디오 아티스트, 백남준

20c 미켈란젤로, 동양에서 온 문화 게릴라, 비디오 아트의 창시자. 백남준을 따라다니는 이름들이다. 그는 한 세기의 예술을 종언하고 다시 부활시켜 예술사를 새롭게 연 개척자이다. 그가 한국에서 일본으로, 독일에서 다시 미국으로 활동공간을 바꾸며 코스모폴리탄적 면모를 보인 것은 한 개인사에서 볼 때 결코 녹록치 않다. 그러한 인생행로가 그만큼 고단하고 굴곡진 삶을 암시하기 때문이다.

그런 그를 견디게 했던 것은 예술의 힘이었다. 인생과 세계가 자신의 '머릿속 세계'에서 이반될 때 아니 멀어지면 멀어질수록 그는 예술 창조의 왕성한 에너지를 작렬시켰다. 그의 예술은 한 마디로 '경계 허물기'였다. 그의 작업은 동양적 사유세계와 서구적 물질성이 만나고, 소리를 눈으로 보는 통감각을 꾀했으며, 일상적 삶과 예술이 결합하고, 과학과 예술이 교묘하게 만나는 해체와 결합의 연속이었다. 이런 점에서 백남준은 윌리엄 블레이크적 '열린 감각'의 예술인이었다.

백남준에게 커다란 예술적 지평을 보여준 이는 미국의 전위예술가 존 케이지다. 그는 우연음악(챈스뮤직)을 통해 예술의 비결정성, 즉 텍스트의 고정성을 부정한 행위지향적인 예술을 열어보였다. 1952년의 작품 <4분 33초>는 그의 대표적인 행위예술이자 해프닝의 서곡이었다. 그는 피아노 앞에 앉아 종종 시계를 들여다보다가 정확히 4분 30초가 되자 무대에서 퇴장해 버렸다. 당연히 관객들은 멋진 피아노 공연을 기대했다. 하지만 시간이 경과되면서 기대와는 다른 분위기로 돌아가자 객석은 수런거리기 시작했다. 피아노 연주는 과연 한 것인가? 관객은 헷갈려 웅성거렸다. 존 케이지는 바로 사람들의 웅성거리는 소리를 자기의 작품으로 소개한 것이다. 이 같은 존 케이지의 탈중심화된 예술활동은 백남준에게 신선한 충격을 주었다.

1963년 독일에서 연 백남준의 첫 개인전은 '음악의 전시-전자 텔레비전'이다. 예술의 영역에 대중매체인 텔레비전을 끌어들였다. 순수예술 음악과 대중매체인 텔레비전의 만남이라는 발상은 순수예술에 대한 고정관념을 전복시켰다. 백남준의 예술은 서구의 오랜 전통인 도제적 훈련에 의한 예술창조 방식이 아니었다. 그는 선사를 만나면 선사를 죽이고 부처를 만나면 부처를 죽였다. 그리고 자신이 성큼 예술세계의 각자覺者가 되었다.

일상과 지식과 예술이 행복하게 만나기를 우리는 꿈꾼다. 지식과 예술이 일상 밖에 있기 때문인지도 모른다. 21c는 자연과 인간이 화합해야만 하듯이, 일상이 지식과 예술의 세계 안에서 행복하게 공존해야 한다. 하드웨어가 소프트웨어에서 다시 아트웨어로 문화적 코드가 점차 변하는 현재의 문화현상에서 그 징후를 읽을 수 있다. 백남준의 예술창조방식을 주목하는 건 바로 이 점에 있다. 그는 일상을 통해 예술적 놀라움과 지평을 열었기 때문이다.

백남준은 '썩은 세계'에서 예술을 해 감동과 놀라움을 주고 그 세계를 떠났다. 이제 우리는 그가 남긴 예술에서 혁명적 하이브리드 hybrid적 기법만을 찾아서는 안 된다. 그의 정신세계와 사유방식을 통해 우리 시대의 문화적 심지를 돋우는 데 힘을 찾아야 한다. 예술의 불꽃을 세워 세상을 다른 시선으로 환하게 여는 이 정신이야 말로 그의 힘이었다. 이것이 바로 백남준을 알아야 할 대목이다. 오늘의 불안정은 이미 내일의 새로운 지평을 암시하고 있기 때문이다.

'방'자 간판

　우리 주변을 찬찬히 들여다보면 야릇한 현상이 일어나는 게 한둘이 아니다. '방' 자 간판이 눈에 띄게 많은 것도 그 가운데 한 현상이다. '방'은 삶의 거처이며 의식주를 이루는 공간이다. 그런데 오늘날은 이런 단순의미를 뛰어넘어 별의별 장소에 '방'을 붙여 사용하고 있다. 하긴 몇 십년 전만 해도 금은방이니 복덕방이니 다방, 약방, 책방 등과 같은 말들이 있긴 했다. 이제는 빛바랜 사진처럼 기억의 흔적이 된 이 말. 그런데 이 말이 부활되고 있다.

　'방'은 이제 고유의 의미를 넘어 '확대 가족'을 거느리고 있다. 안경방, 필방, 노래방, 머리방, 빨래방, 광고방, 비디오방 등이 유행처럼 번지더니 이제는 찜질방, 화투방, 놀이방, 아이방에다가 정보시대에 걸맞게 pc방, 인터넷 와글방이 가세하고 다이어트방에 이어

화장실을 응가방이라고 아예 간판을 바꿔 단다. 연못을 덮는 연잎처럼, '방'자 간판이 빠른 속도로 퍼져 나가는 데는 어떤 문화적 의미가 숨 쉬고 있는 걸까.

조선 시대 때 승정원 이하 모든 정부기관을 육방六房이라 했다. 육방관속이 여기서 나온 말이다. 기생의 숙소인 기방은 율방律房이다. 기생은 연주와 가무, 문학적 언사로 사람의 마음을 조율하는 '말하는 꽃'解語花이 아니던가. 육방이나 율방의 경우에서 보듯이 방은 기능적 공간이다. 오늘날 전방위적으로 확산되는 '방'자 간판의 유행은 방의 기능적 공간을 원용한 사례라 할 수 있다. 머리를 자르고 다듬는 공간이 머리방, 비디오 영화감상실은 비디오방이라 붙이는 경우다.

롯데월드처럼 거대 집체건물인 포스트모던한 건물은 경계가 없다. 놀이, 숙소, 상업, 금융의 공간이 문턱 없이 섞여 있다. 문턱은 이곳과 저곳의 나눔이요 경계다. 대체로 '방'자 간판의 상업공간은 규모면에서 작다. 그리고 문턱을 요구한다. 문턱에 의해 안방, 사랑방, 봉놋방 등이 기능적으로 구조화된 게 재래 우리 가옥이다. 이런 기능적 의미가 확대되어 오늘날의 '방'의 문화를 이룬다.

하지만 여기에는 심리적인 의미도 있을 법하다. 가스통 바슐라르를 들먹이지 않더라도, 방은 편안한 삶의 거소이자 우주의 중심이다. 이런 생각을 따라가 보면 '방'을 사용하는 데가 상업현장이라는 점에서 심상치 않다. 한 푼이라도 더 남기기 위해서는 사돈, 형제간에도 밑진 장사를 할 수 없는 게 이들의 논리다. 그런데 우리 정서에 '방'은 어떤가. 온돌의 온기, 한솥밥 정서, '한방 쓰는 처지'라는 말이 있듯 동질감과 공동의식 등이 떠오른다. 도틀어 말해 방이라는 말은 편안함을 준다. 긴장과 대립이 있을 수 없고 거래와 흥정은 더욱 설 자리가 없다. 가족공동체적 유대감으로 형성된 공생의 원리가 있을 뿐이다. 이윤창출의 상업공간에 '방'을 갖다 붙이는 데는 이런 의미가 깔려 있지 않을까. 상업공간이지만 가족적 친밀성을 부각하고 '방'이 주는 여럿의 정서를 환기시켜 소비자를 끌어들이려는 전략 말이다.

현재 확산되고 있는 '방'자 붙임 현상은 편안함, 친근함, 전문성, 기능성 등 '방'의 정서와 어감이 주는 집단무의식을 자극하려는 심리적 의미가 깔려 있는 듯하다.

통신언어, 국어의 또 다른 얼굴

　한 학생이 "안냐세엽 초딩 중딩 에블바디 방가 즐팅 디따 잼 있어여."라고 하면 "시방 무신 소리여?" 시골 노인은 말문이 막혀버리고 만다. 동시대에 우리는 언어공동체가 아닌 말문 닫힌 사회를 맞고 있다. 우리말인지 영어인지 알 수 없는 이 말이 오늘날 통신언어의 한 모습이다.

　통신언어는 인터넷의 폭발적인 사용으로 우리 언어의 가족원이 되었다. 'e-스타일'로 불리는 통신언어는 네티즌들이 원활한 통신을 위해 경험적으로 얻은 어떤 하나의 틀에서 창조해낸 언어다. 언어의 일반적 성격과 마찬가지로 언어의 간이화로 틀을 만든다. 되도록이면 쉽고 간편하게 언어가 변화되는 것이다. 가령, '삭월세'→'사글세', '즘승'→'짐승', '연탄'→'탄' 등은 모두 언어의 간이화 현상이라 할 수 있다.

　통신언어는 언어의 간이화를 더욱 극대화한 언어다. 곧 '최소노력의 원리'가 적용된 언어다. 그러자니 자판을 두드려 쉽게 의사소통을 꾀할 수 있도록 기존 언어가 변형되기 일쑤다. 게다가 송신자의 표정이나 상황, 행동까지 덧씌우는 이른바 이모티콘(이모션과 아이콘 합성어)이랄지 '우캬캬', '푸헐헐', '하하', '호호', '히히', '낄낄' 'ㅋㅋ' 등 다양한 웃음의 정서까지 포함해 그야말로 통신언어는 문자를 소리화, 행동화, 맥락화한다.

　통신언어의 가지치기도 만만치 않다. 가령, '안녕하세요'가 '안냐세염', '안나세요', '안나째요', '안녕하세욧', '어섭셔', '어솨' 등으로 분화되어 나간다. 이러한 과정에서 창조적 표현력과 순발력이 가동되기도 한다.

　21세기를 주도해 갈 유력한 도구가 컴퓨터다. 정치, 경제, 문화, 교육, 오락 등 다양한 사이버 활동이 진행되는 현재의 상황에서 볼 때 통신언어의 발달은 지극히 당연시된다. 그리고 주로 청소년층이 통신언어의 주체라는 점을 생각할 때 긍정적인 면도 없지 않다. 문화적 배려가 마뜩하지 않는 환경 속에서 그들만의 기발한 상상력과 표현력으로 송신자와 수신자 간에 '끼리문화'를 형성한다는 점에서 그렇다.

　　그러나 어떤 주제에 대한 논쟁이 아니라 지극히 일상적인 것이나 신변적인 내용에 국한된 통신대화는 생각해 볼 일이다. 또한 통신언어의 긍정성과 순기능적 측면을 인정한다 해도 현재 우리말을 심하게 왜곡하는 데는 반성할 점이 많다. 컴퓨터 통신언어, 휴대폰 문자 메시지 등 신세대에 의해 주도되는 언어왜곡과 오염은 심각하다. 왜냐하면 장차 이들의 언어가 표준어가 되는 시대에서는 국적불명의 소통불능 언어들이 지배할 가능성도 배제할 수 없기 때문이다.

　　언어생태학 연구자들은 자연환경의 오염이 인간의 생존을 위협하듯, 언어가 오염되면 인간의 정신에 심각한 위기가 따를 것이라고 경고한다. 언어재앙이 인간의 정신을 황폐화시킬 수 있음에 대한 경종이다. 멀리 갈 것도 없이 현재 대학 답안지에서도 통신언어가 종종 발견된다. 정보 시대에 통신언어는 불가피하겠지만 통신과 일상의 공간을 구별하는 분별력이 있어야 하겠다.

녹색문학, 녹색미학사회를 위하여

　삼월이다. 하늘은 푸르러 새들 비상하고 지상의 모든 수목은 생명을 터뜨려 초록의 잔치를 연다. 아름답고 역동적인 자연현상에 발맞춰 사람도 생기가 돌아 생동한다. 계절이 순환하고 이에 맞춰 자연의 모든 존재가 함께 계절에 입을 맞추며 생명력을 뿜어낸다. 그런데 이즈음에 우리에게는 반갑지 않는 손님이 찾아온다. 황사바람. 중국의 산업화가 쏟아놓은 결과다.

봄이 되어도 꽃이 붉지를 않고
비를 맞고도 풀이 싱싱하지를 않다
햇빛에 빛나던 바위는 누런 때로 덮이고
우리들 어린 꿈으로 아롱졌던 길은
힘겹게 고개에 걸쳐져 있다
썩은 실개천에선 그래도 아이들은 등 굽은 물고기를 건져 올리고 슬픈 현실을 시인은 증언한다. 가을 추수가 끝난 들판에는 메뚜기조차 뛰놀지 않는 고요한 들판, 죽음의 들판으로 변하고 말았다. 이런 슬픈 현실 뒤에는 경제성장, 기술진보, 물질적 풍요 등을 지향하는 인간의 이념과 욕망이 도사리고 있다. 계몽시대 이래 합리주의가 대두되면서 자연은 인간의 욕망에 의해 뜯기고 할퀴어졌다. 자연을 지배와 정복, 착취와 사용가치의 대상으로만 여긴 문명진보의 이념 탓에 자연은 신음하고 있다. 분명한 사실은 자연이 병들면 인간도 결국 병들기 마련이다. 그 결과 급기야는 고대 희랍신화에 나오는 사티로스나 켄타우로스처럼 기괴한 모습으로 사람이 변하지 않는다고 어찌 보장할 수 있을까. 물고기처럼 등 굽은 사람, 외눈박이, 무뇌아, 연체동물처럼 뼈가 녹아 없어진 인간…… 환경오염과 생태계 파괴가 부를 수 있는 검은 미래다.

녹색문학은 환경위기와 생태계 파괴를 고발, 증언하며 현실비판적인 목소리를 내세우는 문학을 말한다. 생태문학, 생명문학, 환경문학 등 다양한 명칭이 있지만, 자연을 온전히 보존하여 모든 생명들의 가치적 의미를 존중하고 인간도 그 가운데 하나라는 사실을 자각하자는 게 이들의 기본 자세다. 녹색문학은 인간중심주의가 아닌 생물중심주의로, 인간과 자연이 분리된 이원적 사고에서 일원적 사고로 전환되어야 함을 강조한다. 따라서 정치적 이데올로기를 다루는 적색문학에 반해 녹색문학은 자연친화적이요 생태중심적인 문학이다.

시나 소설, 희곡작품에서 환경의 위기를 고발하고 생태계 파괴를 증언하는 문학은 90년대에 대두되기 시작했다. 하긴 70년대 시절 간헐적으로 환경파괴에 대해 경고한 작품들도 있었지만 본격적으로 문학계에 목소리를 내세운 건 비교적 최근 일이다. 비록 인식의 시간이 오래 되지 않았지만 지금부터라도 서둘러 생태계 파괴와 환경오염에 대해 문학적 대응전략을 찾아야 한다.

인간과 자연 일체가 하나의 커다란 그물망으로 연결되어 있다는 그물망적 사고. 불가에서는 이를 인드라망이라고 한다. 우리가 하나의 그물처럼 서로 연관되어 있음을 깊이 인식할 때 자연은 건강성을 회복할 수 있다. 그렇게 될 때 우리도 푸른 사람이 된다. 이것이 녹색미학사회다. 따라서 과학기술이 더욱 발달되어 점점 푸른 세계로부터 멀어질 것이 분명한, 검은 미래사회를 거부하기 위해서는 문학이 꼿꼿하게 지향해야 할 푯대가 다름 아닌 녹색미학사회이다.

이런 장례문화, 수목장

어느 생리학자는 말한다. 사람은 나서 낳고 죽는 존재라고. 참으로 간단한 정리다. 하지만 이 과정에는 이루 헤아릴 수 없는 사연과 인연들로 채워져 있다. 그래서 삶은 그렇게 단순하지 않다. 태어나서 2세를 낳고 죽어 가는 게 인간의 운명이라면 죽음은 삶의 종결에 불과하다. 죽음은 모든 생의 마감이다. 죽음으로써 인간은 제로베이스 상태로 간다. 그러나 산 자는 죽은 자를 그렇게 단정 짓지 않는다.

상례와 장례문화는 바로 그 대표적인 증거가 된다. 상례가 시신을 처리하는 일뿐만 아니라 죽은 사람의 영혼을 처리하는 과정, 죽은 사람과 관계가 있었던 살아 있는 사람이 시신의 처리 과정 전후에 치르는 하나의 연속된 절차라면, 장례는 단순히 시신을 처리하는 과정만을 말한다. 어찌됐든, 죽음에 대한 산 자들의 태도는 상례나 장례 과정에서 반영될 수밖에 없다. 우리의 장례문화는 시신을 땅에 묻거나 불에 태워 처리하는 매장과 화장이다. 이 외에도 인디언처럼 나뭇가지나 풀밭 위에 시신을 바람으로 썩히는 풍장이나 물 속에 버리는 수장, 돌 등으로 묻는 매장 방식도 있다. 이런 다양한 장례 방식은 말할 나위 없이 사회적 관습이나 종교적 배경과 밀접한 관계가 있다.

한국인에게 깊이 인식되어 온 장례방식은 매장이다. 그러다 보니 전국 산야가 묘지 투성이다. 삼천리 금수강산이 아니라 삼천리 적막강산이다. 이러한 추세로 가면 전국토가 무덤화될 날이 멀지 않다. 한 리서치 기관에서 장묘문화에 대해 설문조사를 한 적이 있었다. 조사 결과 현 장묘문화에 대해 84.9%가 심각하다고 답변했다. 봉분으로 채워지는 국토에 대한 우려다. 이런 결과 때문인지 선호하는 장례방법으로 화장이 매장보다 앞서 이전과는 변화된 의식을 보여 줬다. 몇 년 전. 모 그룹 총수의 유언에 따라 유족들이 화장으로 한 후로 화장 유언 운동이 시민단체와 종교계 등 사회적으로 확산되었다. 국토를 더 이상 무덤화시키지 말자는 것이다.

그러나 반대의견도 만만치 않다. 전래의 전통의식 가운데 하나인 매장방식을 거부하는 것은 우리의 전통문화를 부정하는 처사라는 것이다. 우리의 전통적인 장례문화는 산 자처럼 온전한 모습으로 영결해 내세에도 온전한 삶을 기원하는 우리의 뿌리 깊은 영생주의관에 있다. 이것이 매장문화를 지탱케 하는 척추이다. 묘지나 납골당에 안치된 고인의 흔적을 정성껏 살피는 까닭은 그곳이 고인의 영혼이 깃든 집이라고 생각하기 때문이다. 이러한 면에서 본다면 굳이 묘지나 납골당이 아니라 주검의 흔적을 어느 특정한 나무에 뿌리는 방식도 고려해 봄직하다.

이른바 수목장樹木葬 혹은 자연장이다. 수목장으로 할 경우 고인의 의미도 새기고 나무를 돌보면서 자연도 관리하는 일석이조의 효과가 있다. 또한 내가 죽어 생명에 거름이 되는 일은 결국 순환론적 세계관, 영생주의라는 우리의 뿌리 깊은 의식에 닿아 있기도 하다. 우리도 언젠가는 지상을 떠나 죽음을 맞는다. 그렇다면 죽음을 한 번쯤은 기억해야 하지 않겠는가. 남아있는 자들의 행복을 위해 나는 죽음 이후에 어떻게 남아야 할 것인가를 말이다.

애국가와 응원가의 거리

이십오륙여 년 전, 필자는 시골 학교 교사로 근무한 적 있었다. 신학기가 되어 학교는 생동했고 교실마다 환경정리를 하느라 떠들썩했다. 주말 오후, 몇몇 남은 아이들이랑 환경미화를 꾸미고 있을 때 순시를 하던 교감선생님은 필자에게 "이 선생, 빨갱이요?"라며 핀잔을 주었다. 그 의도를 몰라 당황했다. 알고 보니 교실 뒷벽에 빨간 색종이를 많이 붙였다는 이유였다. 레드 콤플렉스가 강박관념처럼 박힌 시대의 낡은 추억이다. 레드 콤플렉스red complex의 한복판에는 태극기와 애국가가 자리한다.

최근 가수 윤도현이 애국가를 월드컵 응원가로 부르면서 논란이 무성하다. 장엄한 애국가를 서구의 록 버전으로 전환한 게 꼬투리였다. 그런데 국가의 표상인 애국가를 스포츠 행사의 응원가로 격하했다는 문제보다는 다른 맥락이 도사리고 있는 듯하다. 상업주의와의 결탁이다. 국내의 대표적인 이동통신업체가 다가오는 월드컵 경기에 맞춰 이윤창출의 코드로 붉은 악마와 윤도현을 지목했고 그 과정에서 불거진 게 애국가의 응원가 발상이다. 문화연대와 윤도현 측의 대립이 팽팽하게 맞서면서 여기에 줄줄이 네티즌들의 반응이 꼬리를 물고 지지와 반대를 표명하기에 이르렀다. 국가상징의 모독이라는 절대불가론과 신선하고 발랄해 현대인들의 정서에 부합된다는 반응 등 엇갈린 태도를 보였다. 그런가 하면 하필 서구 록 버전이냐 차라리 우리 국악으로 편곡하는 게 낫지 않겠냐는 조언도 있다.

이런 현상을 생각해 보면, 국가의 체통을 걱정하는 인사들이 많아서 다행이다. 개인중심사회에서는 가당치 않을 현상들이 우리 사회에서는 종종 들판의 불처럼 번지기 때문이다. 어찌되었든, 애국가를 편곡해 응원가로 부르는 세태를 보면서 완고한 보수의 얼굴과 미래를 여는 진보의 얼굴이 오버랩된다. 문제는 국민응원가를 조장해 상업적으로 이용하려 드는 검은 전략이 하필이면 애국가를 도구로 삼느냐에 있다.

이런 쟁점을 논의하기에 앞서, 상업적 논리를 따지기 전에 흥을 돋우고 삶의 의미와 재미를 불러 일으키는 진정한 문화정신이 무언가를 생각해볼 일이다. 애국이라는 막연하고 추상화된 관념이 마당으로 걸어 나와 한국인을 약동하게 한다면 이것이야말로 실천적인 애국정신의 발현이 아니겠는가.

　애국가를 응원가로 부르는 데는 이런 정신이 함유된 게 아닐까. 붉은 셔츠를 입지 않으면 웬지 쑥스러웠던 지난 2002년. 그 환희의 월드컵 경기 때 레드 콤플렉스는 옷을 갈아입고 레드 신드롬으로 다시 태어났다. 누가 그것을 강요라도 했던가. 그렇지 않았다. 어린 아이부터 노인에 이르기까지 우리는 붉은 옷을 입고 대한민국을 자랑스럽게 외쳤다. 강요가 아닌 자발, 획일이 아닌 다양으로 터져 나온 그때를 기억하자. 중심이 해체되어 다원화된 사회에서 애국가가 응원가로 확대·재생산되는 일이 낡은 콤플렉스를 극복하는 한 방향타가 될 가능성은 없는 건지.

댓글문화, 진정한 사이버 아고라를 향하여

옛날 그리스 시대에는 마을마다 아고라agora라는 원형 마당이 있었다. 이곳을 토론의 광장이라 부른다. 그리스인들은 일찌감치 저녁밥을 먹고 나와 마을의 현안에 대해 밤늦게까지 이 아고라에서 토론을 했다. 아고라는 세계사적으로 풀뿌리 민주주의의 남상이 되었다. 고대 민주정치의 꽃이 아고라를 통해 개화된 셈이다.

아고라로 상징되는 말의 위력은 정치에만 국한된 게 아니다. 말의 문화가 발달한 그리스는 풍부한 신화를 낳았고 신화는 철학과 연극을 발전시킨 내재적 힘이 되었다. 말의 문화, 토론의 문화가 이처럼 학문과 예술의 발전에 기여한 것은 상상 외로 크다.

우리나라는 인터넷 보급과 활용 면에서 세계 최고의 수준이다. 그러나 정작 세계인들이 부러워하는 건 한국인의 댓글문화다. 한국 사람들같이 열성적으로 댓글을 올리는 경우도 드물다. 참새 방앗간 못 지나가듯 그냥 가지 않는다.

댓글은 본디 어떤 사안의 글에 대해 글을 다는, 주체의 반응적 글쓰기를 말하는 것으로 본글에 대해 덧붙이는 생각을 피력한다는 의미에서 덧글이라고도 한다. 따라서 댓글은 본글에 맞서거나 지지하는 견해를 간략하게 표명한다는 점에서 사이버 공간상의 아고라 광장이라 할 만하다. 이른바 변론과 반론의 각축장이다.

우리 사회가 댓글 바람이 무성한 것은 민족정서와 관련이 깊다. 세계 어느 민족보다도 공동체 의식이 짙게 깔린 우리는 남과 나를 굳이 구분하지 않는다. '우리'라는 공동체 심리가 한국인에게는 강하다. 마을사람들이 한 우물물을 퍼마시고 찌개 한 그릇을 식구 전체가 나누어 먹는 음식문화가 공동체 의식을 키웠으리라.

'나'me-ism가 아니라 '우리'we-ism라는 공동체 심리, 바로 이것이 오늘날 댓글 바람을 일으키는 풍구다. 그런데 댓글이 쟁점이 되는 문제를 논리적이고 이성적으로 토론하기보다는 그렇지 못해 아쉽다. 감정적인 표현, 상대를 공격하는 노골적인 언사와 욕설, 집단 이기주의의 편협성 등이 끼어들어 이맛살을 찌푸리게 한다. 심지어

는 댓글 알바가 생길 정도로 댓글은 이제 정략적, 상업적으로 이용
되고 있는 실정이다.

그리스 아고라가 민주정치 그리고 학문과 예술 발전에 크게 기여
한 점을 상기해 우리의 댓글문화도 진정한 토론의 광장으로 거듭나
기를 바란다. 삿된 언어유희나 막가는 인신공격으로 퇴색된다면 댓
글문화를 제도적으로 규제해야 한다는 목소리도 나올 법하다.

뮤지컬 〈지하철 1호선〉, 3000회 명성과 그늘

록 뮤지컬 〈지하철 1호선〉이 쉬지 않고 질주하고 있다. 1994년에 첫 공연 막을 올렸으니까 10년이 훨씬 넘은 세월을 달구며 롱런하고 있는 셈이다. 뮤지컬은 일반적으로 단기적인 공연으로 끝난다. 특히 이 작품처럼 코믹 뮤지컬은 그 생명이 짧아 불과 몇 달 공연에 막을 내리기 일쑤다. 그런데 〈지하철 1호선〉은 3천 회 공연 돌파라는 기록을 수립하며 한국 연극사를 새롭게 쓰고 있다. 게다가 국내 지방도시의 공연과 독일, 홍콩, 일본, 중국 등지의 해외공연에서도 호평을 받아 연극의 한류열풍 가능성을 시사한 바 있다.

〈지하철 1호선〉은 〈명성황후〉와 함께 한국산 뮤지컬로서 흥행에 성공한 대표적인 상표가 되었다. 이 작품은 원래 독일 뮤지컬인 〈line 1〉을 한국적으로 설정한 번안물이다. 〈아침이슬〉로 유명한 김민기가 번안, 작곡, 연출한 이 작품은 서울 지하철 1호선에서 벌어지는 인간 백태를 스케치하듯 그리고 있다. 연극은 하나의 주제를 밀고 나가면서 해프닝의 스케치, 춤, 노래 등이 뒤섞인 레뷔 형식을 취한다. 소극장 뮤지컬로 맞춤하기 때문에 레뷔 뮤지컬은 보통 소극장 뮤지컬의 연극적 코드가 되었다.

10개의 장면으로 구성된 다양한 상황이 에피소드로 제시되지만 중심 이야기는 연변 처녀의 한국 남자 찾기와 오팔팔 창녀의 사랑과 죽음이다. 보다 비중을 둔 내용은 연변 처녀의 한국 남자 찾기다. 어머니를 찾아나서는 '동승'의 도념이나 <오즈의 마법사>에 나오는 도로시처럼 연변 처녀는 풋사랑의 남자를 찾아 나선다. 구조적으로 추구 플롯의 전형적인 스토리 라인story line인 셈이다. 서울역에 도착한 연변처녀가 지하철 1호선을 타면서 여러 상황들이 연출된다. 길여행을 통해 주인공의 세계인식은 변화되고 연변 처녀는 쓸쓸히 발길을 고향으로 돌린다.

연극은 무엇을 말하는가. 지하철로 상징되는 문명도시의 광기다. 서울이라는 문명과 연변이라는 순수의 충돌로 연변/처녀는 파괴되고 서울/남자는 승자의 얼굴을 든다. 바로 문명의 야만성이다. 모순과 허위와 기만이 속출하고, 삶의 탁한 조건 속에서 사랑도 빛이 바래질 수밖에 없는 비정상의 서울을 말한다. 그러나 어찌 서울만 타박

할 수 있으랴. 문명화된 그 모든 게 순수를 파괴하면서 이룩되지 않았던가.

강퍅하고 영악스런 현대사회의 불모성이 이 작품을 이루는 형이상학적 뼈대인 셈이다. 문제는 작가의 의식이 방만한 에피소드 상황의 과잉 활용으로 인해 희석될 여지가 있다는 점이다. 뮤지컬은 대중성, 상업성, 오락성 이 세 요소가 솥의 발처럼 떠받치는 장르다. 이런 점을 감안한 탓인지 이 뮤지컬은 에피소드 형식으로 제시되는 여러 상황을 통해 관객의 웃음을 끌어내려는 의도가 강하게 보인다. 그렇게 되면 주제의식은 약화되고 일회적 웃음과 즐거운 오락거리로만 관극의 흔적이 남을 공산이 크다. 이 점을 숙고해야 하지 않을까 싶다. 주제를 향한 밀도 있는 연극 만들기 말이다. 기록적인 공연횟수에 비례해서 공연의 품질도 기록적으로 혁신되는 모습을 기대해 본다.

한식과 불의 의미

　4월이 되면 으레 식목일을 떠올린다. 이 날은 절후상 청명에 해당한다. 하늘은 맑고 투명해 바야흐로 완연한 봄기운이 대지에 흐르고 검은 들판은 물기를 머금어 생명을 약동케 한다. 그래서 나무를 심고 관리하기에 적당한 날이다. 어디 나무뿐이랴. 채소의 씨앗을 뿌리고 곡식의 종자를 대지에 심어 푸른 희망을 가꾼다. 바로 이즈음에 한식이라는 명절이 있다. 설날, 단오, 추석과 함께 우리의 4대 명절 가운데 하나인 한식은 말 그대로 더운밥을 지어 먹지 않고 찬밥을 먹는 날이다.

　한식과 관련된 유래는 대개 다음과 같다. 중국 진晉나라 때 면산에 들어가 불에 타죽은 개자추의 영혼을 위로하기 위해 더운밥을 짓지 않는다는 중국 관련설이 있다. 그런가 하면 예부터 이 시기는

48

바람이 심하게 불기 때문에 불을 금하고 찬밥을 먹는다는 습관에서 그 유래를 찾기도 한다. 또한 묵은 불을 없애고 새로운 불을 만들어 쓰는 시기라는 종교적 의미도 있다. 이로 보면 한식은 '불'과 인연이 많아 보인다.

<불을 찾아서>라는 프랑스 영화가 떠오른다. 이 영화는 인류가 불을 발견하는 과정을 매우 사실적으로 접근한다. 언어도 없는 침묵의 영화다. 표정과 단순한 동작으로 서로 의사소통을 하는 그야말로 원시 시대의 풍경이 고스란히 화면에 박힌다. 외형상 아직은 완전한 인간의 모습이랄 수 없는 인류 조상들이 불을 찾기 위해 갖은 고생을 다한다는 줄거리다. 그리고 이들은 불을 발견함으로써 이성의 사랑, 생명의 소중함 등 인류의 가치 있는 것들을 서서히 깨닫게 된다. 불의 발견이 어두웠던 정신을 밝게 한 것이다.

영화에서 보듯이, 인류 문명사를 두고 볼 때 불의 발견만큼 획기적인 사건도 없을 듯하다. 부싯돌의 불, 전깃불, 원자의 불…… 이와같이 새문명의 출발은 이로부터 가능해졌기 때문이다. 그러나 좀 더 생각을 밀고 나가 보면 단순히 물질적 불의 발견만이 경이로운 게 아니다. 정신의 불을 밝혀 문명생활을 열어가는 힘, 그것이 바로 불씨를 만들면서 시작되었기 때문이다. 불은 대상을 밝게 하여 인류에게 판단하고 가치의 유용성을 가늠케 하는 '이성의 빛'을 주었다.

한식을 전후로 우리는 조상의 묘소를 찾아 사초를 하기도 하고 산으로 들로 봄맞이 나들이도 한다. 이럴 때면 으레 전국적으로 산불이 발생해 엄청난 인명과 재산 피해를 낸다. 선인들이 한식날을 정해 왜 불의 의미를 강조했는지 알 법도 하다.

태양 아래 새로운 것은 없다. 있어 왔던 일들을 되새겨 오늘을 비춰 보는 일, 이것이야말로 온고지신의 해법이 아니던가. 이즈음 울기 시작하는 포곡조布穀鳥(곡식의 종자를 심으라는 뜻으로 포곡 포곡 우는 새) 뻐꾸기의 울음은 '불'의 의미를 되새겨 삶의 둘레를 살피라는 자연의 음성이 아닌가 싶다.

음식은 정서를 낳고 정서는 문화를 낳는다.

　　음식과 관련하여 이런 우스갯소리가 있다. 중국인들은 하늘에서는 비행기, 바다에서는 잠수함만 빼고 다 먹는다고. 그래서 중국인 하면 뚱뚱보를 떠올리는가 모르겠다. 만만디徐徐的나 차부둬差不多와 같은 정신은 그들이 먹는 음식과 관련이 깊은 성싶다. 음식에는 제각각 고유의 맛이 있기에 입맛을 돋우는 거라면 그 어떤 것도 음식이 된다. 중국인들은 꾸워즈라는 중화팬을 바짝 달궈서 볶음과 튀김 혹은 삶거나 찜을 해서 먹는다. 대륙에서 생산되는 풍부한 돼지고기 기름을 사용해 꾸워즈라는 만능 조리기구를 가지고 만들어 내는 꾸워즈 음식문화가 중국음식의 핵이다. 따라서 기름기가 많은 탓에 차문화가 발달될 수밖에 없다. 혈압강하에 뭣보다도 좋다는 차. 그래서 뚱뚱보 왕서방의 나라는 우리나라와는 달리 놀랍게도 고혈압환자가 많지 않다. 중국인들의 오랜 약식동원藥食同源 사상, 즉 음식의 약리적 효과를 십분 활용하는 사례다.

한편 일본인들의 주류음식은 회나 스시라는 생선초밥이다. 조리보다는 날것을 선호하다 보니 그들은 성깔이 곱지 못하다. 진드근한 인내심이 없이 발끈하는 그들의 정서는 날것을 먹는 음식과 무관하지 않는 듯싶다. 이처럼 음식문화는 정신과 기질을 낳고 이것이 문화의 질적 특성을 형성하는 토대가 된다.

그러면 우리는 어떤가. 간장, 된장, 고추장, 김치, 젓갈, 장아찌가 모두 염장 발효식품이다. 옛날에는 식초나 민속주도 가정에서 만들어 먹었다. 대체적으로 우리의 주종음식은 삭임의 과정을 통해 만들어진다. 삭임과 풀음, 여유와 은근을 우리의 정서적 특성으로 꼽는다면 이는 필시 우리의 음식문화에서 그 이유를 찾을 수 있으리라.

푹 고아져 웅숭깊은 소리를 소리맛의 제일로 치는 판소리가 그렇고 신명난 흥과 애절한 한이 함께 배여 있는 육자배기, 민요, 잡가, 춤사위 등이 그렇다. 어디 그뿐이랴. 피맺힌 한도 세월이 어느 정도 지나면 소망의 한으로 바뀐다. 이른바 원한怨恨이 원한願恨으로 진화되는 것이다. 이것이 한국인의 정서적 특징이다. 우리의 음식이 발효의 삭임 과정을 통해 완성되듯이 우리의 정서 역시 음식처럼 삭임을 특성으로 한다. 음식과 문화가 거멀못의 관계라는 사실을 이런 점을 통해 입증할 수 있다.

　음식과 정서의 상관성은 가정에서도 마찬가지다. 인스턴트식품 위주로 식탁을 차리는 가정의 아이들은 끈기가 부족하고 공격적이라는 조사결과가 나와 흥미를 끈 적이 있었다. 어머니가 음식을 정성스럽게 만들어 식탁에 올리면 아이들은 음식을 먹는 게 아니라 어머니의 손끝에서 빚어지는 사랑과 정성이라는 정서를 먹는 것이다. 이런 아이들은 성인이 되어서도 모성과 유년의 살가운 추억을 음식을 통해 간직하게 된다.

　음식이 딱히 정서 형성에만 관여하는 것은 아니다. 지적 능력을 형성하는 데도 매우 중요하다. 오색오미를 골고루 장만해 먹을 경우 우리의 신체는 두루 발육된다. 아울러 음식을 꼭꼭 씹어 먹는 과정에서 뇌에 산소공급이 원활해진다. 그러면 뇌활동이 왕성해져 지적 발달에 도움을 준다. 이와 같은 점을 볼 때, 음식은 끼니를 때우는 단순한 먹을거리가 아니다. 지적, 정서적으로 막대한 영향을 주는 문화 창조의 중요한 원동력이자 생명 그 자체이다.

시조시인 가람 이병기
- 문학의 심지를 돋워 삶을 벼리다 -

사람이 본받고 살아야 할 영원한 대상은 무엇인가. 생각하기에 따라 그 대상은 다양할 것이다. 신, 위대한 성현, 역사적인 영웅, 부모, 스승, 이웃의 어른…… 그러나 바다의 동서를 막론하고 인류에게 빛을 던진 위대한 사람들은 한결같이 자연을 삶의 기준으로 삼았다. 자연을 통해 이성의 빛을 발견했으며 지혜의 샘물을 얻었다.

고대 희랍의 자연철학자들 이래 정신과 과학을 발전시킨 수많은 인물들의 스승은 다름 아닌 자연이었다. 잠자리에서 헬리콥터가, 민들레 홀씨에서 낙하산이, 거미줄에서 그물이, 벌집에서 아파트가 만들어졌다는 사실은 문명의 씨앗이 자연에서 움텄다는 걸 말해준다.

희랍철학에서 관상과 실천은 삶을 견고하게 세우는 인간의 덕목이었다. 자연을 고요하게 바라보는 것, 이를 관상觀想, 즉 테오리아 theoria라고 한다. 자연을 관찰하면서 삶의 지혜를 구하고 지침을 찾는 일이다. 한편 자연 관찰에서 얻은 것을 실천하는 행위를 프락시스 praxis라고 한다. 테오리아와 프락시스. 이 두 힘을 균형 있게 유지하면서 인간은 삶을 밝게 하려고 했다.

전라북도 익산군 여산면 원수리 진사동에서 태어난 가람 이병기. 그는 한국 문학사에서 중요한 국문학자요 시조시인이다. 가람은 일제강점의 혐열한 시대를 가로질러 오면서 단 한 번도 친일행위나 글줄을 써내지 않은 올곧은 선비였다. 가람의 꼿꼿함과 청정한 삶의 자세는 가히 주변에서 찾기 어려울 정도로 독보적이다. 그렇다면 이러한 정신의 힘은 어디서 터져 나오는 것일까. "빵은 육체나 기를 따름이지만 난은 정신을 기른다."고 가람은 입버릇처럼 되뇌었다고 한다. 그래서 그런 것일까? 그의 시조에는 난초가 유난히 눈에 띈다.

빼어난 가는 잎새 굳은 듯 보드랍고
가짓빛 굵은 대공 하야한 꽃이 벌고
이슬은 구슬이 되어 마디마디 달렸다

본대 그 마음은 깨끗함을 즐겨하여
정한 모래 틈에 뿌리를 서려두고
미진도 가까이 않고 우로雨露 받어 사느니라

난초시 가운데 한 편인 '난초4'의 작품이다. 난초의 고결한 성품을 읽어내는 시인의 눈빛. 이 눈빛을 열어 시인은 자신의 삶을 벼리고 있는 것이다. 그러니 난초는 가람에게 있어서 이상적 대상이자 삶의 푯대를 세워준 스승인 셈이다. 가람이 청정한 삶의 태도를 견지했던 프락시스의 원천은 바로 난초의 관상이었다.

난초의 생리를 통해 인생의 오도를 발견한 가람. 식민지, 해방, 전쟁, 혁명, 쿠데타…… 숨 막히는 격동의 한국 근대사를 뚫고 오면서도 꼿꼿한 선비정신으로 국문학을 정립하고 시조문학의 현대화를 위해 오롯한 길을 걷게 한 큰 힘은 바로 뜨락에 조촐하게 핀 난초 송이에서 나왔다. 한 송이 꽃에서 우주를 본다던 윌리엄 블레이크처럼, 가람 역시 난초에서 인생을 밝히는 도를 찾았다고 볼 수 있다. 가람의 형형한 눈빛이 봄날의 햇살 속에서 눈부시다.

사람의 꽃, '어머니'를 연극에서 만나다

몇 년 전 악극 <불효자는 웁니다>가 공연됐다. 나문희와 이덕화가 열연한 이 연극은 어머니의 사랑이 무엇인지 관객들에게 그 실체를 똑똑히 알게 했다. 애오라지 자식의 출세가 희망인 어머니는 지문이 닳아빠질 정도로 고생하는 것도 오히려 기쁨일 뿐이다. 아들은 장성해 서울에서 대학에 다니며 가정교사 노릇을 하면서 출셋길에 오르게 된다. 고향에서 홀어머니를 지극정성으로 모시는 옥자와의 고향 사랑도 외면하고 아들은 자신이 아르바이트했던 여학생을 아내로 맞이하고 장인의 회사를 경영하는 사장이 되었다. 시쳇말로 잘 나가는 인물이 된 셈이다. 그러나 아들의 행복한 결혼생활을 파괴할까봐 어머니는 참혹한 처지임에도 불구하고 떳떳하게 나서지 못한다. 어머니는 오직 아들과 손자의 모습을 보는 재미로 아들집 문밖에서 날마다 서성댈 뿐이다. 그리고 어머니는 슬픈 인생을 마감

한다. 현실의 행복에 눈이 멀어 어머니를 알아보지 못한 아들은 절규하지만 이미 어머니는 이승의 사람이 아니다. 어머니에 대한 자식의 그리움과 회한은 <불효자는 웁니다>라는 노래에 의탁되어 산 자의 눈물로 드러낼 뿐이다.

국립극단 공연작 <지붕 위의 바이올린> 역시 부모의 사랑과 자식들의 삶을 밀도 있게 다룬 서정적인 작품이다. '해가 뜨고 해가 지는' 세월이 흐르는 사이, 아이들은 자라 부모의 뜻을 거스르며 각자 사랑을 찾아 떠난다. 자식들에게 부모는 마냥 거부와 저항의 존재인가. 어쩌면 삶의 과정이란 부모와 자식 사이의 갈등과 쟁투의 영속일거라는 불온한 생각이 든다. 그러나 부모는 자식들의 적수가 아니다. 이 작품 역시 부모는 자식들이 스스로 선택한 길을 도와줄 뿐 마다하지 않는다.

존재의 터인 부모를 거부하면서 자식이 탄생하는 모순의 싸움. 낡은 것을 뚫고 일어나는 새것의 분출, 이 두 힘 사이에 인간 존재의 비극성이 존재한다. 낡은 것은 한물 갔으니 쓰러질 수밖에 없고 새것은 약동하는 생명의 의지가 있기에 낡은 것을 파괴할 수밖에 없다. 그러나 중요한 사실은 낡아진다는 의미가 오직 자연적인 소멸이 아니라는 점이다. 온전한 새것을 만들어 주기 위한 자기파괴 행위가 곧 낡음의 의미이다. 부모의 자식 사랑이 숭고한 것은 바로 여기에 있다. 자식의 행복과 안전을 위해 부모는 희생을 마다하지 않는다. 이런 행위가 진정한 의미에서 비극이고 비극적이다.

천승세의 <만선> 역시 어머니의 거룩한 눈물을 보이는 작품이다. 내리 삼대째 목숨을 바다에 묻은 것도 모자라 청대 같은 아들 셋을 바다에서 잃은 '구포댁'은 마지막 하나 남은 강보에 싸인 어린 갓난 애를 뭍으로 보내 목숨을 보전하려고 한다. 어머니의 이 지악한 마음은 먹고사는 일보다도, 또한 남편의 욕망보다도 강력하다. 아일랜드 극작가 존 밀링턴 싱의 〈바다로 가는 기사들〉을 연상케 하는 이 작품에서 구포댁의 모습은 진정한 어머니의 초상화처럼 다가온다.

바다의 동과 서에서 어머니의 거룩하고 눈부신 사랑을 다룬 연극 작품은 하늘의 별처럼 찬란하게 많다. 사람이라는 이름의 꽃, 어머니. 그 존재가 있기에 인간의 마음은 희망으로 열려 있는 게 아닐까 싶다.

어버이날이다. 카네이션 꽃잔치만이 아니라 이참에 어머니라는 존재 의미를 찬찬히 새겨 가슴에 담아봄이 어떨까. 어머니의 눈물을 닦을 수 있는 건 어머니를 울게 한, 결국 우리 아들딸들이 아닌지.

스승의 날

옛날에 『천자문』, 『동몽선습』, 『십팔사략』, 『통문』 등을 서당에서 배우고 나면 으레 책씻이를 했다. 흔히 책거리라고 하는 책씻이는 책 공부를 마친 뒤에 하는 일종의 책례冊禮다. 훈장과 학도들이 음식을 차려놓고 서로를 격려하는 행사다. 이때 먹는 음식 가운데 송편은 필수적인 메뉴다. 학도의 지혜구멍이 송편처럼 뚫린다는 의미에서 책씻이 때 송편은 단골 음식이 되었다. 닮은 것은 닮은 것을 낳는다는 일종의 유감주술이 적용된 사례라고 할 수 있다.

또한 국수나 경단, 송편 등을 나누어 먹으며 훈장은 학도들에게 글자 한 자씩을 써 주었다. 이를 단자수신單字修身이라고 한다. 이를테면 더디고 순하고 침착하게 살라고 민첩하고 약삭빠른 학도에게는 소 '우牛' 자를 써서 주었다. 그런가 하면 효도를 다하라는 뜻으로 까마귀 '오烏' 자도 있다. 까마귀의 안갚음을 본받으라는 의미다. 또한 과민하고 재치가 있는 학도에게는 어리석을 '우愚'를, 자기중심적이고 독선적인 학도에게는 어질 '인仁' 자를 써서 주었다. 학도들은 훈장에게서 받은 이 글자를 머릿속에 심고 평생의 지침으로 삼았다.

5월 15일은 스승의 날이자 성년의 날이다. 또한 세종대왕 탄신일이기도 하다. 조선 문명의 요람이었던 집현전에 총명한 젊은 학자들을 널리 불러 모아 학문 탐구를 권장했던 세종대왕의 업적을 기리기 위해 대왕의 탄신일을 스승의 날로 삼았는지도 모른다. 동기야 어찌되었든, 스승의 날을 맞이해 옛날 책씻이 때의 '단자수신'을 떠올리는 건 퀴퀴한 복고취향인지도 모르겠다. 하지만 아이스크림이나 피자를 먹어치우는 것으로 끝나는 오늘날의 책씻이 문화를 보면서 옛일을 견주는 것은 과시 고루한 것만은 아닐 성싶다. 세상살이가 힘들고 고단할 때 우리는 정신의 푯대가 되어 줄 어른을 기대한다. 그리고 그 어른을 자신의 몽매함을 일깨워 줄 매운 스승에서 찾는다.

하지만 자신을 완성하는 공부가 아니라, 직업과 돈을 위한 수단으로 교육이 전락한 오늘날의 현실에서 스승의 참모습은 찾기 힘들다. 삐뚤어진 교육현실이 스승을 귀양 보내버렸다면 지나친 생각일까. 며칠 전 지방의 한 대학에서 전통적인 책씻이를 했다고 한다.

총장과 학생들이 맞절을 하고 조촐하게 음식을 나누어 먹으며 단자수신은 아니지만 연설을 통해 수신을 강조했다고 한다. 그야말로 옛 서당의 모습이 되살아난 풍경이다.

문제는 이러한 겉모습으로 전통을 흉내내기보다도 진정한 의미를 발견하는 것이 중요하다. 삶을 살아가는 개별적 주체에게 꼭 필요한 삶의 자세가 무엇인가를 정확하게 파악해 일러주는 스승의 모습. 바로 단자수신의 글을 써 주어 학도들이 삶의 푯대로 간직하며 살게 한 서당의 훈장에서 발견할 수 있다. 우리들 가슴에 새겨진 단자수신의 글자 하나는 무엇인가. 내가 자녀에게 줄 단자수신 한 마디는 마음속에 써두었던가?

생활양식이 온축된 사투리, 문화재로 지정해야

문화재청은 전북 무주 지전, 익산 함라 등에 있는 마을의 옛 돌담길을 공식 문화재로 지정했다. 향토적 서정을 느끼게 하는 돌담. 건축미학의 아름다움뿐 아니라 유년의 정서가 배여 있는 돌담이 최근 사라지고 있어 보존책이 필요하다는 판단이 들었기 때문이리라. 돌담의 경우에서 보듯이, 문화재 지정은 역사적, 문화적 보존가치를 우선에 둔다.

새로움의 추구 결과 라이프 타임life time이 갈수록 짧아졌다. 이 변화무쌍한 속도의 시대에 옛것이 차츰 사라지는 것은 불가피한 일인지 모른다. 낡은 것이 새로움에 밀려나는 건 어쩔 수 없는 자연의 순리다. 하지만 낡은 것 속에 미래를 여는 열쇠가 들어 있는 법이다. 온고지신이나 법고창신은 이 점을 강조한 말이 아니던가. 세월에 밀려 가뭇없이 사라질지 모를 옛것은 건물이나 돌담 혹은 무형의 문화예술에만 국한되지는 않는다.

구수하고 질펀한 맛에 말의 힘과 재미를 주는 사투리는 생활양식이 온전히 스며 있는 그 지역만의 독특한 언어다. 오랜 삶의 경험에서 온축된 언어인 사투리는 언어공동체끼리 친연성을 갖게 하는 동시에 지역공동체 문화를 잉태하는 둥지다. 교통과 통신이 발달해 전 지구적으로 생활양식, 즉 문화가 빠른 속도로 표준화되고 있다. 이른바 글로벌 스탠더드 시대다. 한 예로, 영어의 세계화 현상은 비단 언어만의 문제로 국한시킬 일이 아니다.

소위 맥몽드mac-monde 시대라 일컫는 지금. 맥도날도에서 배를 채우고 맥킨토시에서 머리를 채운다. 먹고 생각하는 일체가 영어문화로 치닫는다. 그리하여 하나의 문화로 통합되어 질식해 버릴 것만 같은 획일화된 삶의 패턴. 영어적 사고와 문화가 세계문화의 표준이 된 셈이다. 그러나 획일화된 문화는 삶을 경직시키고 인간의 자유롭고 창조적인 삶의 에너지를 약화시킬 수밖에 없다. 이것 때문에 영어와 외국어를 머리 싸매고 공부해야만 하는 고생이 있지만, 바벨탑의 언어 분화는 다양한 문화를 창출하라는 메시지인 것이다. 우리의 언어 역시 마찬가지다. 독특한 지역사투리는 지역문화를 일구는 근간이다. 언어화되지 않는 문화가 어디 있으랴.

몇 군데의 지역축제에서 사투리에 관심을 갖고 경연대회를 갖는 경우를 보았다. 그러나 단순히 말의 유희를 즐기는 프로그램이 되어서는 안 된다. 방송, 교육, 통신, 교통의 발달로 사투리는 표준어에 밀려 사멸될 위기에 놓여 있다. 사투리는 보존되어야 한다. 아울러 그 보존은 심정적인 차원이 아니라 문화재로 지정되어 체계적인 관리가 뒤따라야 한다. 각 지역의 사투리 보존은 농촌문화, 어촌문화, 산골문화 등 지역문화의 기본적인 정서를 보존하는 일이기도 하다.

전라도의 질펀한 사투리가 없었던들 어찌 월매의 걸쭉한 육담을 <춘향전>에서 맛볼 수 있으랴. 또한 전라도 사투리가 빠져버린 판소리에서 신명은 생각이나 할 수 있겠는가. 문화유산은 정신의 유산이요 생활양식의 유산이다. 언어는 정신과 생활양식의 근간이자 출발이다. 사투리의 문화재 지정은 로컬리즘 문화의 근간을 존중하는 행위이면서 글로벌 문화의 기층을 확보하는 일이다. 아울러 사투리 보존은 문화민주주의로 가는 지름길이다.

꽃들의 왕, 모란과 소치 허 련 화백

　계절의 왕이 오월이라면 꽃들의 왕은 단연 모란이다. 오월의 꽃 가운데 가장 탐스러운 꽃이 모란이다. 삼국사기 열전 '설총조'를 보면 모란이 나온다. 그러니 이 책은 '모란'이 등장하는 최초의 문헌인 셈이다. 설총은 <화왕계>를 지어 임금의 길을 우화적으로 표현하고 있다. 이때 화왕, 즉 꽃들의 왕으로 묘사된 게 바로 모란이다. 송나라 때 구양수는 <낙양모란기>洛陽牧丹記에서 "모란에 이르러서는 굳이 꽃이름을 말하지 아니하고 바로 꽃이라고 한다. 그 뜻은 천하의 진정한 꽃은 오로지 모란뿐이다."며 극찬하고 있다.

　조선 후기, 모란 그림으로 유명한 화가가 두 사람 있다. 소치 허련(1809~1892)과 남계우다. 허 련은 모란을 지극히 사랑하여 많은 모란도를 남겼다. '허모란'이라는 별명이 붙을 정도이니 허 련이 모란을 얼마나 즐겨했는가를 알 수 있다. 사대부 화가인 남계우는 모란과 나비가 어울리는 모습을 사실적이며 정교하게 표현한 화가다. 허 련이 모란을 즐겨 다뤘다면 남계우는 나비를 그림의 주요 소재로 그렸다. 남계우를 '남나비'로 부르는 이유가 여기에 있다.

허 련은 호가 소치小痴, 자는 마힐摩詰이다. 허 련의 호와 자에는 이런 일화가 있다. 허 련은 중국의 남종화를 신봉한 나머지 원말 사대가의 한 사람인 황공망黃公望의 호 대치大痴와 상통하게 자신의 호를 소치小痴라 했고, 자는 남종화의 시조인 당唐의 왕유王維의 자를 그대로 따라 마힐摩詰이라 했다. 그만큼 허 련은 남종화 화풍을 숭상했다. 조선 후기 남종화를 대표하는 허 련의 위치는 바로 그의 호와 자를 붙이게 된 일화에서도 극명히 알 수 있다.

허 련은 해남 윤선도 고택에서 윤두서의 작품을 통해 전통 화법을 익히고 대흥사의 초의선사의 소개로 추사 김정희를 만나면서 본격적으로 서화 공부를 하게 된다. 그의 스승 김정희가 "압록강 동쪽으로 소치를 따를 만한 화가가 없다."고 할 정도로 그의 작품은 뛰어나다.

동양화는 사물을 우화적으로 표현해 삶의 의미를 담고 있다. 다시 말해 모란, 바위, 고양이 등 사물이 들어 있는 동양화는 삶의 소원을 담고 있는 문화코드인 셈이다. 부귀를 상징하기에 화훼도, 화조도, 병풍, 자기 등에서 주요 소재로 다루어지는 모란. 이는 인간의 영원한 꿈인 부귀를 상징한다. 허 련의 경우 색채 없이 묵으로만 모란을 그린 '묵모란도'가 유명하다. 부귀를 뜻하는 모란을 묵색으로 그린 허 련의 생각은 무엇일까. 누구나 부귀를 지향하는 '색의 세계'에서 소치 허 련은 '정신의 부귀'를 말하고자 붉고 화려한 모란을 단순 묵색으로만 그려내지 않았을까.

철쭉꽃 진 자리에 뻐꾸기가 울음소리를 풀어내는 오월. 호암미술관에서는 모란 작품전이 열리고 있다. 그 가운데 유독 허 련의 '묵모란도'가 시야의 중앙에 들어오는 건 바로 이런 이유에서인지 모르겠다.

'다 빈치 코드' 시비주비

미국의 추리소설 작가 댄 브라운의 소설 『다 빈치 코드』가 지구를 강타하고 있다. 4천300만 부 이상 팔려 메가톤급 베스트셀러가 되었으며 이는 아직도 진행 중이어서 그 결과량이 얼마일지 예측할 수 없을 정도이다.

이 소설은 뉴욕 타임즈를 비롯하여 월스트리트 저널, 샌프란시스코 신문 등 미국 중요 신문사에서 베스트셀러 순위 1위에 랭크되며 위세를 떨치고 있다. 그 유명한 영국의 『해리 포터』 시리즈를 앞선 판매량과 인기로 떠들썩하다. 더군다나 이 소설은 콜롬비아 영화사가 영화로 만들면서 엄청난 반항을 일으켰다. 인터넷의 누리꾼들은 수천의 댓글을 올리며 덧댄 의견들을 쏟아내고 있으며 특정 종교계는 영화 상영금지 가처분 신청을 하는 등, 영화와 소설을 둘러싼

사회적 파장이 만만치 않다. 가히 문화적 테러와도 같은 충격이 『다 빈치 코드』를 중심으로 폭발하고 있다.

<다 빈치 코드>는 숨겨진 비밀을 풀어가는 과정을 그린 작품이다. 따라서 내용상으로만 보면 미스터리 추리물이다. 비밀이 서서히 드러날수록 엄청난 파장을 일으킬 에포크한 사실들이 밝혀진다. 인류의 문화와 정신사에서 전무후무한 충격적인 비밀. 관객은 일단 내용 자체가 지니고 있는 엄청난 힘에 눌린다. 아울러 다 빈치 코드를 풀어가는 주인공들의 이야기, 형사가 이들을 추적하는 이야기, 또 다른 종교단체의 대리인이 이들을 좇는 이야기 등 세 가닥의 추적 플롯이 교묘하고 치밀하게 엮인 스토리 라인은 관객들에게 잠시라도 머리 돌릴 여유조차 허락지 않는다.

내용의 놀라움과 형식의 단단함에 빠져 관객은 내내 지적 오디세이를 즐기게 된다. 시체에 쓰인 미스터리한 숫자와 언어, 기호학자 로버트 랭던과 소피 누뵈는 이 기호를 풀어가면서 엄청난 사실을 접하게 된다. 인간의 호기심은 탐색을 낳고 탐색은 지식과 정보를 낳는다고 했던가. 이 명제대로라면 호기심의 탐색 결과가 낳은 정보는 말 그대로 인류문화사를 뒤흔들만치 파천황적이어서 관객은 주인공들의 행적에 눈을 박으며 숨을 고른다. <다 빈치 코드>가 지닌 상상력의 세계와 준수한 영화 스타일은 관객을 압도하기에 맞춤하다.

그러나 무엇보다도 이 작품이 사회적 파장을 크게 일으킨 데는 다른 원인이 있다. 그건 신성한 종교의 권위와 역사적 전통에 대한 도전이라는 점이다. 이 이유 때문에 지금 이 영화와 관련된 인터넷은 전장을 방불케 한다. 주로 종교적인 입장에서 기독교와 반기독적 성향의 댓글이 줄줄이 올라 치열한 공방전을 이룬다. 문제는 이것이 신성에 대한 참을 수 없는 상상력의 도발이라 해도 그것 자체가 문제가 될 일은 아니다. 문학과 예술은 불가능한 세계에 대한 인간의 도전 욕망이 실현되는 공간일 뿐이다. 따라서 예술은 불가능성의 세계를 탐색하면서 상상의 지평을 열 따름이지 그 자체가 사실을 말하고 있지는 않기 때문이다.

<다 빈치 코드>를 두고 지나치게 자신의 입장에서 민감하게 반응하는 이쪽과 저쪽의 논리는 이런 점에서 다시 성찰할 필요가 있을 것 같다. 현실 밖에다 고개를 내밀어 현실에 말을 거는 게 문학과 영화의 얼굴이기 때문이다.

리듬, 신명, 한국 축구

"태초에 리듬이 있었다." 성경 구절을 패러디한 이 말은 그 어느 것보다 리듬이 중요함을 강조하고 있다. 그런데 여기에는 보다 근원적인 메시지가 들어 있다. 왜냐하면 태초의 '빛'이나 '말씀'도 따지고 보면 리듬에 의해서 형성되기 때문이다. 가령, 빛의 파동이나 언어의 발화speech는 빛과 소리의 입자가 출렁이는 높고 낮은 흐름의 연속으로 이루어진다. 따라서 리듬에 의존하지 않고서는 빛이나 언어는 존재하기 어렵다.

데카르트가 '자연의 빛'이라고 하는 '이성'도 리듬의식을 파악함으로써 가능하다. 또한 말에 억양이나 장단이 없다면 소통하는 데 상당한 어려움을 느낄 수밖에 없을 것이다. 어디 이뿐이랴. 지구의 자전과 공전, 계절의 순환, 낮과 밤의 교차 등이 모두 리듬이다. 생명을 존속케 하는 심장의 박동과 맥박, 피돌기 등이 리듬이요, 사랑 philia과 싸움neikos이 번갈아 패권을 장악하는 게 우주의 원리라고 설파했던 그리스 철학자 엠페이도클레스 역시 우주의 지배원리를 리듬으로 파악하고 있다. 그래서 리듬은 우주와 자연, 생명과 삶을 존재케 하는 근본 원리라고 할 수 있다. 왜냐하면 리듬이 멈추는 순간 생명은 종결되고 우주의 주기적인 순환 반복도 멈추기 때문이다. 이쯤 되면 리듬이라는 게 얼마나 값어치 있고 중요한가를 알 수 있다.

그런데 사람들은 리듬에 대해 무관심하다. 말의 화법, 대인관계, 옷 입는 방식, 시간의 관리 등 생활세계 전반에 걸쳐 지배하고 있는 리듬을 도무지 의식하지 않는다. 세상사 서로 밀고 당기고, 늦추고 잡아채고…… 모두 리듬이지 않는가. 그래서 삶을 영리하게 경영하는 사람들은 리듬의식에 기대어 자신을 관리하고 삶을 도모한다. "즐겁되 음란하지 말고 슬프되 마음을 상하게 하지 말라樂而不淫 哀而不傷"는 옛말은 삶의 일상에서 리듬감각을 유지하라는 메시지다. 극단으로 치우친 정서의 리듬은 생명과 정신을 손상시켜 온전한 삶을 유지할 수 없게 만들기 때문이다.

우주의 흐름과 자연의 주기 그리고 사람의 생명 그 자체가 리듬으로 유지되듯이, 리듬을 표상적 요소로 삼는 음악은 그래서 모든 예술의 중심에 놓일 수밖에 없다. 문학, 연극, 무용 등 허다한 예술이 음악성에 기대어 있는 것만 보아도 알 수 있다. 가령 시나 소설 언어의 표현방식이 리듬에 의존하지 않을 수 없으며 무용이나 연극이 리듬에 기대지 않으면 존재할 수 없다. 심지어는 건축을 동결된 음악이라고 말할 정도로 건축에서조차도 음악의 리듬을 읽어낸다. 이처럼 리듬은 단순히 소리의 결로서 음악요소가 아니라 예술은 물론 삶 전반을 지탱하는 보편자universal이다.

월드컵 계절이 왔다. 한국 축구가 지난 점검 경기에서 보여줬던 몇 가지의 실망은 사실 연습이나 기량 부족이라기보다는 가장 기본을 이루는, 그래서 가장 핵심적인 전략과 전술이 부족했기 때문이다. 그 전략전술은 바로 리듬감이다. 열심히 공을 다루어서 힘이 빠진 상태인데 다시 그 선수에게 공을 준다든지 거리를 헤아리지 못하고 대충 띄우는 패스 연결 등에서 리듬의식의 실종을 발견할 수 있다. 손발이 척척 맞아야 신명이 나는 법이다. 손발이 맞으려면 리듬감각을 회복해야 한다. '물 흐르듯' 공격하고 빠져나오는 신명난 흐름을 한국 축구에 기대해 본다. 리듬축구를 말이다.

불의 제전, 세계를 달구는 월드컵 경기

월드컵 시즌이다. 온 나라가 붉은색 천지로 물들었다. 붉은 옷, 붉은 함성, 초여름을 붉게 하는 장미와 붉은 태양, 그리고 이 모든 것들로 설레는 붉은 가슴…… 유월은 붉은색이 지천으로 나부끼는 불의 계절이다.

원래 '붉다/붉다'와 '붉다/밝다'는 명사 '불'에서 파생되었다. 이는 '해日'가 '희다白'로, '신鞋'에서 '신다履'와 같이 명사가 동사나 형용사로 바뀐 경우다. 어찌됐든, 밝음과 붉음은 모두 불을 어원으로 삼고 있는 단어이다. 그렇다면 불은 우리에게 무엇인가. 우선 불은 재생과 벽사辟邪라는 신화적 의미가 있다. 태워진 모든 것은 소멸하고 또한 새로운 불씨로 인해 재생된다. 묵은 것을 보내고 새것을 맞이하는 우주의 질서는 어찌 보면 불의 신화적 의미를 닮았다. 또한 정화라는 불의 상징성은 세계 여러 문화권에서 두루 발견된다. 그래서 소멸, 재생, 정화의 불은 인간과 우주의 질서를 바로잡는 원소이다. 다시 말해 욕망의 집착에 의해 질서가 무질서로 되면 이를 소멸, 정화시켜 질서의 세계로 재창조하는 게 바로 불이다. 희랍신화에서 프로메테우스가 하늘의 불을 훔쳐 인간세계에 준 이유는 일 그러질 수밖에 없는 인간사회를 정화, 재생시키기 위한 의도도 있지 않을까 싶다.

옛날 중국에서도 계절에 따라 새로운 불新火을 지폈다. 우주 질서를 새롭게 한다는 뜻이다. 사악한 것을 물리친다는 믿음은 붉은색의 이미지에도 겹쳐진다. 굿을 할 때 황토를 뿌리는 행위랄지 금줄에 붉은 천을 매다는 것이나 주목나무로 만든 군대 지휘관의 지휘봉이나 명패를 수호천사인 양 여기는 것도 붉은색이 삿된 기운을 막아준다는 믿음 때문이다.

김동인 소설 중에 <광염 소나타>가 있다. 주인공 백성수는 아비규환의 화재 장면을 보면서 광폭성과 야성을 느낀다. 그 결과 피아노의 건반을 두드리는 대로 작곡하는 탁월한 예술적 재능을 보인다. '불'은 그의 잠자던 예술적 혼을 솟구치게 한 힘이었다.

이로 보면 우리나라 축구대표 선수들의 유니폼 색이 왜 붉은지 그 이유 하나만은 알 수 있을 듯하다. 내재된 힘을 솟구치게 하는 원동력이 바로 붉은색에서 기인하는지 모를 일이기 때문이다. 경기가 있을 때마다 몸에 붉은 것을 두르고 응원하는 함성은 '붉은색'과 '불'의 상징의미가 피워내는 힘의 솟구침이다. 그래서 손바닥 손금처럼 빤하고 단조로운 일상에서 축구경기는 국민을 열광케 한다.

로제 카이유와는 승패를 가르는 놀이를 아곤agon이라 했다. 스포츠는 승패의 놀이라는 점에서 가장 대표적인 아곤이다. 아곤은 승리에 대한 기대감으로 놀이에 참여한다. 골을 넣었을 때 터져 나오는 희열은 선수는 말할 것도 없고 관중들 역시 엑스타시의 순간이다. 기대감이 실현되어 터지는 환호의 순간, 우리는 일상에 찌든 마음의 때를 씻어내 후련하고 시원한 감정을 경험한다. 집단적 도취감에 빠져 짜릿한 카타르시스를 경험케 하는 월드컵 경기는 그래서 단순한 스포츠 행사가 아니다. 일상에서 얻은 마음의 때를 씻어주는 자기정화의 시간. 그래서 월드컵 경기는 불의 제전이라 할 만하다.

진정성, 작가, 권위

- 소설가 채만식의 경우 -

작고한 이 지역 출신 소설가 중에 대표적인 인물로 단연 채만식을 꼽을 수 있다. 그는 30, 40년대 일제강점기에 소설을 발표하면서 문단의 주목을 받게 된다. 특유의 소설 어법을 구사한 그는 병든 시대인 식민지 현실을 비판한 작가였다. 소설에 박힌 판소리의 걸쭉한 입담이 분위기와 주제의미를 강조하는가 하면 비판적 리얼리즘의 시선으로 식민지 현실 뒤에 숨어 있는 어두운 그림자를 들춰내기도 했다. 60년대에 시대의 부정성을 고매한 정신으로 세탁하고자 했던 시인 김수영의 말처럼, 채만식은 식민지 현실을 풍자로 처방하면서 한국의 대표적인 풍자작가로서 소설미학을 일궈냈다.

작가의 사회적 임무는 무엇인가? 한 인간으로서 작가의 길은 무엇인가? 이러한 질문에 대한 답변은 그의 주요작 면면을 살펴볼 때

뚜렷하게 나타난다. 시대 이데올로기나 정서를 뛰어넘어 진정성의 세계를 향하는 그의 목소리를 분명 확인할 수 있기 때문이다. 가령, 그의 대표작인 <탁류>는 아비를 위해 희생하는 딸의 이야기다. 별반 아비 구실을 하지 못하는 정주사는 그럭저럭 큰 고민 없이 딸 초봉을 팔아넘기듯 해서 그의 생활 기반을 도모하고자 한다. 이로 보면, 이 작품은 고전소설 <심청전>을 영락없이 패러디한 작품이다. 문제는 옛 작품의 재탕이 아니라 채만식 특유의 소설어법인 풍자를 통해 일그러진 정주사를 꼬집고 있다는 점에 주목할 필요가 있다.

이런 점은 그의 희곡 <심봉사>에서도 확인된다. 심청의 목숨과 맞바꾼 결과가 되어버린 심봉사. 그는 결국 눈을 뜨게 되지만 깊은 자기회의 끝에 손으로 눈을 후벼 도로 앞 못 보는 봉사가 되고 만다. 비록 육신의 눈은 떴지만 마음의 눈이 멀어 딸을 희생시켰다는 데서 오는 자기과오의 반성이다. 오이디푸스가 근친상간의 패륜을 저지른 뒤 스스로 눈을 멀게 했듯, 채만식은 심봉사를 오이디푸스적 반성의 한국판 인물로 그려내고 있는 것이다.

그의 단편 <논 이야기> 역시 작가의 면모를 보여준 수작이다. 해방이 되어 다들 들떠 있는데 주인공 한생원만은 해방이 달갑지 않다. 시대를 역행한다거나 친일분자라서가 아니라 일제 때나 해방 이후나 농민들에게서 땅을 빼앗아 가기는 마찬가지기 때문이다. 그래서 한생원은 대놓고 중얼거리고 다닌다. 이놈의 나라 다시 해방 전으로 가라고. 농부에게 땅은 무엇인가. 정치적, 사회적 의미를 떠나 생존이 걸려 있는 화급하고 무엇보다도 중요한 게 땅이다. 따라서 농토의 무상몰수가 일제나 해방된 뒤나 똑같이 이루어진다면 진정한 의미에서 농부들의 해방은 되지 않은 셈이다. 한생원이 바라는 건 정치해방이 아니라 땅의 해방에 있기 때문이다.

작가 채만식. 그는 진정성의 세계를 구현한 작가다. 진정성이란 현실에서 찾기 어려운, 그러나 반드시 있어야 할 그 무엇이다. 물과 공기가 유기체에게 반드시 필요하듯, 인간의 삶에서 진정성은 물이나 공기처럼 세계의 진실이자 세계를 지탱케 하는 뼈다. 채만식은 병든 현실을 가로질러 '진정성'의 세계를 이끌어낸 정확한 눈빛을 소유한 작가다. 작가author가 진정성authentic을 말할 때 작가의 권위authority는 발현된다. 그래서 이 세 단어는 하나의 어원語源을 가진 가족인가 본다.

세종로와 이순신 장군 동상

경복궁을 중심으로 남쪽으로 곧게 뻗은 오륙백 미터의 거리를 세종로라 한다. 조선 시대 때는 육조거리라 불렀다. 중앙관청인 이조, 호조, 예조, 병조, 형조, 공조 등 조정의 각종 기관이 도로를 중심으로 있었기 때문에 붙여진 이름이다. 그 거리는 수도 서울의 심장부에 해당된다. 이곳에 나랏일을 도모하는 궁궐과 지금의 서울시청에 해당하는 한성부가 있었다. 조정의 각종 주요 부서와 부속 건물들이 즐비해 사람들이 구름처럼 모여드는 거리가 바로 세종로다. 인파로 들끓기는 현재도 마찬가지다. 세종로에서 동으로 뻗은 길이 종로다. 종로는 내로라하는 인사들이 통행하는 거리였다. 반면 일반 서민들은 피마골로 다녔다. 서민과 상전을 모시는 하인들은 높으신 분들의 행차를 피해 종로 옆에 난 좁은 뒷길 차지였다. 그래서인지 피마골은 지금도 막걸리집이 즐비하다. 예나 지금이나 피마골은 서민의 거리다.

세종로는 세종대왕을 떠올리게 한다. 그런데 세종로라는 명칭은 석연치가 않다. 세종대왕과 관련이 별반 없기 때문이다. 굳이 아전 인수 격으로 해명한다면 세종문화회관이 육중하게 버티고 있을 뿐이다. 하지만 사설 문화회관의 이름을 따서 거리의 이름을 붙일 리 만무하다. 거듭 생각해 보면, 일제 이후 세종로 출발점에 중앙청이 있어, 대통령이 조선의 성군인 세종의 치적을 거울삼으라는 의미로 이름을 그렇게 붙일 법하다. 그러나 이 역시 설득력이 없다. 거리 이름은 그 장소와 관련된 역사적, 사회적 의미가 있어야 한다. 그래서 거리는 문화가 숨 쉬는 역사의 얼굴이어야 한다. 그런데 세종로는 세종대왕이 없다. 프로이트는 없고 프로이트주의만 있듯이, 세종로에는 조선의 성군 세종의 흔적은 찾아볼 수 없고 공허한 이름만 남는 역사적 빈 공간이 되어버렸다.

세종로를 비껴 서쪽으로 약간 틀면 율곡로가, 남쪽으로는 사직로가 있다. 율곡로는 역사적인 인물을, 사직로는 옛날에 사직단이 있어서 거리 이름을 그렇게 정했다. 이 경우도 일률적인 잣대가 없는 듯하다. 역사적인 인물을 거리의 이름으로 삼는 데는 그래야만 하는 필연적 이유가 있어야 한다. 숭상해야 할 역사적 인물이라 해서 특별한 연고도 없는 데다 이름을 갖다 붙이는 것은 정합성의 논리에서 어긋나기 때문이다.

　세종로의 상징은 광화문과 이순신 장군 동상이다. 장군의 동상이 기왕 광화문 거리에 서 있어야 한다면 차라리 '이순신의 거리'로 이름을 바꾸는 게 타당하지 않을까? 서울의 대표적인 거리에 관련성이 없는 이름을 끌어오는 건 문화정신을 몰각한 행위다. 거리 이름 하나를 정하는 데도 과거의 현재화에 기여할 수 있도록 면밀한 연구가 있어야 할 것이다.

　세계는 한 권의 책으로 존재한다고 했던가. 일상적으로 걷는 거리에서 옛 역사의 광휘로운 힘과 지혜를 읽어낼 수 있도록 도시가 책처럼 읽고 음미되는 공간이 되었으면 싶다. 세종로의 의미를 묻는 외국인들과 세종로에서 세종대왕을 찾는 아이들에게 어떻게 말해줘야 할지 난감하다.

극작가 차범석과 희곡 〈산불〉

극작가 차범석이 지난 6월에 타계했다. 그는 1955년 〈밀주〉가 신춘문예에 당선된 이래 2003년 〈옥단어!〉까지 70여 편의 희곡작품을 발표한 다산 작가이다. 이처럼 많은 작품을 생산한 건 그만큼 치열하고 성실하게 작가의 길을 올곧게 걸어갔음을 의미한다. 그는 꾸준히 작품 창작을 하면서 한국 연극의 미적 지평 확대를 위해 노력한 작가이자 문화예술계의 어른이었다. 연극과 문화계에서 걸어온 그의 발자취는 이를 말해준다. 한 마디로 그는 연극무대의 삶처럼 강한 파토스를 작품으로 쏟아낸, 한국 연극과 문화 발전을 위해 오롯한 정신을 던진 인물이다.

1962년에 발표된 〈산불〉은 그의 대표작이다. 무대는 소백산맥의 한 외진 마을이다. 이데올로기 충돌전쟁인 6·25가 발발하자 이 마을에도 예외 없이 남자 구실을 하는 남정네는 전쟁터로 나가는 바람에 찾아볼 수 없다. 마을의 아낙들인 점례와 사월은 마을 뒤 숲에 숨어 들어온 규복을 만나 사랑을 나눈다. 전쟁 상황에서 점례는 규복과 사랑을 나누고 사월은 육체적 욕구를 채운다. 인간의 구체적 삶에서 이데올로기나 정치이념은 무슨 의미로 남는가. 작가는 반공 이데올로기라는 거대담론이 지배하던 전후문학의 테두리에서 벗어나 인간의 실존적 삶, 본능적인 행위에 초점을 맞춰 이 작품을 발표했다.

리얼리즘 희곡은 생활세계를 무대 위에 재현한다. 그리고 관객들에게 무대현실을 비판적으로 수용해 현실세계의 문제점을 성찰하도록 요구한다. 전후문학이지만 단순히 정치이념에 복속되지 않고 구체적 삶의 모습을 통해 문제현실을 드러냈다는 점에서 <산불>은 리얼리즘 희곡의 전형을 보인다. 또한 특정 주인공에게 작품의 초점이 맞추어지지 않고 다수 인물들의 개성적 삶과 심리를 묘파했다거나 그들이 구사하는 일상적인 말투 역시 이 작품의 현실성을 높이는 극적 장치들이다. 그래서 <산불>은 해방 이후 리얼리즘 희곡의 최고봉이라는 찬사를 받는다.

한국 근대연극 100년사에서 동랑 유치진과 차범석은 리얼리즘 희곡을 기초하고 완성시킨 대표적인 쌍두마차라 할 수 있다. 일제강점기 한복판에서 일제 현실의 모순구조와 일그러진 제도적 틀을 <토막>에서 명징하게 제시한 유치진이나, 전후 시기인 60년대 초반에 인간의 실존적 삶에서 이데올로기가 얼마나 허상적 껍데기인가를 극명하게 보여준 차범석의 극작 세계는 모두 문제적인 시대현실에 작가의 눈을 두고 '있어야 할 현실'이 무엇인가를 제시한 수작들이다.

<산불>은 올 하반기 칠레 극작가 아리엘 도르프만과 뮤지컬 <갬블러>의 작곡가 에릭 울프슨에 의해 <댄싱 새도우>dancing shadow 라는 뮤지컬로 개작되어 상연될 예정이다. 극작가 차범석은 하늘의 뜻에 따라 유명을 달리했지만 그의 불타는 디오니소스적 연극 열정은 하늘나라에서도 형형한 눈빛이 되어 지상의 무대를 바라보리라. 해가 진 다음에는 절대로 펜을 들지 않을 만큼 자기관리에 철저했던 극작가 차범석. 이제 그는 결핍된 현실에서 허기를 느끼는 우리들에게 도서관과 무대에서 '있어야 할 현실'을 희곡과 연극으로 웅변하리라.

텔레비전, 중세의 강을 건너라

　　현대 대중매체 가운데 텔레비전만큼 강력한 것도 없다. 어쩌면 텔레비전은 우리의 구체적인 삶의 일부가 되어버린 듯한 느낌도 든다. 눈 뜨자마자 텔레비전을 켜서 잠자리에 들 때까지 심지어는 텔레비전이 사람보다 더 늦게 자는 경우도 있다. 텔레비전 브라운관이 켜 있지 않으면 알레르기성 반응을 일으키는 사람도 있고 텔레비전 기계음이 들려야 비로소 살아 있다는 신호 같은 걸 느낀다는 부류도 더러 있다고 한다. 지독한 텔레비전 중독증이다.

　　독일 철학자 야스퍼스에 따르면 인류발전사를 네 단계로 나눈다. 우리가 살고 있는 현재는 네 번째 단계로 과학기술의 시대다. 역사 이전의 단계에서 인간은 이미 언어를 구사했고 도구를 제조했으며 불을 응용했다. 그리고 두 번째 단계인 고대문명 시대를 열었다. 이 시기는 문자, 농경 및 국가의 조직이 있었지만 아직 정신적 활동은 거의 없던 시기였다. 그러다가 야스퍼스가 명명한 차축 시기가 도래한다. 정신 발전의 번영이 일어났고 위대한 철학자들이 출현해 인간 의식의 자각을 촉구했다. 그러고 난 다음 현재와 같은 과학기술의 시대가 왔다고 한다.

텔레비전은 말할 나위 없이 눈부신 과학기술의 결과물이다. 그러나 정작 텔레비전이 인간의 정신 발전을 꾀할 수 있는 문명의 이기인지는 새삼 생각해볼 일이다. 생산과 노동형 인간을 소비와 나태의 인간으로 전락시킨 문명의 검은 이기利器는 아닌지. 텔레비전 논리에 무조건 복속시키려는 이기주의가 도사리고 있는 건 아닌지. 물론 긍정적인 순기능도 많다. 가령 뉴스나 날씨 정보는 물론 소비 경향과 패션 등 생활과 밀접한 분야들을 텔레비전을 통해 확인할 수 있으며 다른 나라에서 발생한 일들을 실시간으로 접해 시간과 공간을 현저히 좁혀 놓았다. 또한 생활정보와 문화오락, 욕망을 부추기는 상품광고와 더불어 지식과 정보의 획득이 텔레비전을 통해 모두 가능해졌다. 교육, 오락, 소비가 텔레비전이라는 매체를 통해 일거에 행할 수 있다. 이러한 순기능으로 텔레비전은 집 안의 가장 핵심적인 공간에 위치한다. 그리고 텔레비전은 '가정 내 중심'으로 존재하는 권력이 되어버렸다.

　다채널의 텔레비전은 우리의 뇌기능을 마비시키며 공중성, 획일성, 전체성의 테두리 속으로 우리를 몰아넣기 일쑤다. 광고가 자본주의의 꽃이라고 하지만 광고에 의해 부추기는 소비욕망과 조장된 스타에 의해 벌어지는 '웃기지 않는 해프닝적 프로그램'에 그저 시청자는 자신을 내던진 채 그들과 한 몸이 되어 뒹굴며 깔깔댄다.

　근대를 열었던 데카르트. 그는 주체와 대상, 주관과 객관, 자아와 세계 그리고 인식과 존재를 엄격하게 분리시켰다. 주체에 의해 규정되고 실현되는 게 세계다. 그러나 근대의 산물인 텔레비전은 주체를 실종시켰고 세계 속에 주체를 밀어 넣는 중세적 도구가 되어버렸다. 스타들은 그들의 말씨, 행동, 표정, 의상과 외모 등을 통해서 시청자들의 욕망을 욕망한다. 주체로서의 개인을 탈각시키고 스타지향성의 집단화를 은밀히 조정하는 텔레비전. 그러나 이는 반미학이다. 세계의 중심에 개인이 있다. '나'가 없는 '세계'는 무슨 의미가 있는가. 텔레비전이 근대정신을 닮아 다시 주체를 생산하는 주체가 될 때 진정 문명의 꽃으로 우리의 삶에 향기를 뿌리리라.

빅4, 마지막 뮤지컬 〈미스 사이공〉

삶에서 사랑만큼 뜨겁고도 서늘한 게 있을까? 열기와 냉기가 한꺼번에 가슴을 채우는 사랑. 태어나서 성장해 사랑을 나누고 그러다가 세월이 가면 늙고 병들어 죽는 인생의 휴먼 사이클human cycle에서 사랑은 누구나가 생의 정점을 차지한다. 그래서 예술과 문학에서 가장 중요한 소재로 사랑을 다루고 있다. 특히 모든 질서를 송두리째 파괴하는 전쟁 상황에서의 사랑은 시리도록 아픈 꽃, 태어나지 말아야 할 꽃인지도 모른다. 그러나 죽고 죽이는 전쟁판에서도 생명이 태어나듯, 피지 말아야 할 사랑도 페허와 매캐한 화염 속에서 탄생한다. 비극의 꽃이.

세계적인 뮤지컬 제작자인 캐머런 매킨토시의 빅4 뮤지컬 가운데 마지막 작품 〈미스 사이공〉이 국내 초유의 무대로 성남아트센터에서 공연되고 있다. 이 작품은 이탈리아의 작곡가 푸치니의 오페라 <나비부인>을 패러디한 베트남판 <나비부인>이다. 20c 마지막 이데올로기 전쟁인 베트남전을 배경으로 미군 병사와 베트남 여자의 사랑과 결혼, 그리고 남겨진 아이와 어긋난 약속이 빚은 슬픈 뮤지컬 <미스 사이공>은 한 마디로 비극의 꽃을 다룬 작품이다. 원작 <나비부인>이 국제결혼의 비극성을 슬프고도 광활한 아리아로 보여 주었듯이, <미스 사이공>은 스펙타클과 감정을 사로잡는 음악으로 보여준다. 화려한 무대와 3D 입체영상의 헬리콥터 장면 등이 관객의 눈을 포획하고 모든 극적 줄거리를 말이 아닌 노래로 불러 관객의 가슴을 흔든다.

슬프면 슬픈 대로, 기쁘면 기쁜 대로 노래는 인간의 억압된 마음을 풀어내는 유일한 도구가 된다. 그래서 바그너는 최고의 예술은 음악극이라 했던가. 빅4 뮤지컬의 다른 작품들이 대체적으로 판타지를 다뤘다면, 이 작품은 역사적 사실에 입각해 현실논리를 취급했다는 점에서 보다 사실적인 관극체험을 할 수 있다. 특히 전쟁체험을 한 우리에게 베트남 전쟁은 남의 이야기가 될 수 없다. 이산가족과 혼혈아, 아버지가 부재한 남겨진 아이들의 슬픈 눈, 사랑과 쾌락의 흔적으로 남은 상처는 인생의 덫으로 남고 약속의 언어는 위반되어 덧없는 구름처럼 없어져 버린 상황에서 나비부인의 선택이 죽음이듯, 미스 사이공 킴도 죽음으로 생을 종결한다.

문학과 연극이 가공된 이야기로서 그 자체가 허구의 세계를 다루지만 감동을 주는 이유는 사실성fact에 충실해서가 아니라 진실성reality을 말하기 때문이다. 이런 점에서 <미스 사이공>은 감동을 주기에 충분했다. 전쟁이 많은 사람들의 진실을 얼마나 짓밟을 수 있는지를 보여주었기 때문이다.

뮤지컬 <미스 사이공>은 한 장의 사진으로 촉발되었다. 이 사진은 줄거리를 만들고 음악을 버무려 뮤지컬이라는 한 채의 집으로 세워졌다. 관객이 무대와 교감하는 것은 시각적 화려함이나 가슴 울리는 멜로디나 가사만이 될 수 없다. 그건 작품이 말하고 있는 진실성을 자기 내면으로 불러들여 관객의 현재를 밝혀주는 데 있다. 이런 점에서 볼 때 <미스 사이공>은 전쟁체험을 한 우리에게, 아니 아직 아물지 못한 전쟁의 상흔을 안고 있는 우리에게 아픔이었다.

한국 문학의 궁전, 미당

미당 서정주는 결코 미완의 존재가 아니었다. 미당, 완성되지 않은 집이라는 뜻으로 서정주는 호를 이렇게 지었지만 우리 문학사에서 그의 존재는 커다란 한 채의 집이었다. 아니 차라리 궁전이라고 한다면 지나친 말일까?

1941년 첫 시집 『화사집』을 발간한 이래 시집만도 15권이 넘어 자그만치 1000편에 이르는 방대한 작품 수는 독자를 압도한다. 현대 시사에서 양적으로 이만큼의 작품을 생산한 시인도 드물다. 그만큼 그는 한평생 시를 푯대 삼아 떠돌이 의식으로 시적 세계를 넓혀 나갔다. 친일을 했고, 독재권력의 주변에 맴돌았던 전력 탓에 그의 시적 웅장함이 그늘에 가린 적도 있었고, 현실을 외면한 순응주의적 문학관을 보였다는 비판도 받았지만 서정주의 시적 세계는 하나의 신화를 이루면서 독자의 가슴속에 오랫동안 머무는 대가적인 면모를 보였다.

20년대의 감상적이고 낭만적인 시적 경향을 극복 대상으로 삼으며 30년대 시인들은 새로운 시 형식을 모색하기에 이른다. 김기림을 중심으로 한 모더니즘, 이상의 초현실주의 실험이 그것이다. 30년대의 시문학 풍경이 대체적으로 도시 지향적인 소재를 회화화한 모더니즘이었다는 점을 감안할 때, 서정주의 시적 출발은 이들과 다른 모습을 보였다. 그건 시인 박재삼이 지적한 대로, 서정주는 '눈치를 살피지 않은 언어'를 구사하면서 향토적이고 민속적인 세계, 즉 전통 지향적인 순수시를 세상에 내놓게 된다.

'애비는 종이었다'로 시작되는 '자화상'에서는 부끄러운 가족사를 부끄럽지 않게 고백하고 있다. 유행에 휘둘리지 않고 부끄러운 가족사를 애써 감추지 않는 그야말로 '눈치를 살피지 않은 언어'로 통렬한 자기고백을 감행한다. 이러한 시적 포즈는 민족어라 할 수 있는 기층민중들의 언어를 시어로 빚어내는 장인적인 면모에서도 확인된다. 일상 언어를 시 언어로 만들어 내는 미감이나 직정直情의 언어를 맛깔스럽게 빚어내는 서정주의 시는 한 마디로 민족어의 보고라 할 만하다. 그래서 그의 시를 '언어의 정부'라고 칭하기도 한다.

60여 년 동안 애오라지 시의 길만을 걸었던 미당. 한때 훼절시인이라는 낙인이 찍혀 그의 시가 교과서 수록에서 제외된 적도 있었고 그의 시문학이 시인의 행적과 관련되어 평가절하되기도 했다. 그러나 시인은 무엇으로 존재성을 갖는가. 시는 시인의 영혼을 언어화한 것에 다름 아니라는 명제를 받아들인다면, 시인의 존재성은 시를 통해서만 확인할 수 있다. 삶과 시가 일치되어 동일하게 된다면 그건 이미 이 세상이 아닌 유토피아가 아니겠는가. 식민지와 전쟁, 해방과 쿠데타 등 한국 근대사의 가파른 물줄기 속에서도 오로지 시를 통해 민족의 원형적 정체성과 언어를 탐색했던 서정주.

눈이 부시게 푸르른 날은
그리운 사람을 그리워 하자
저기 저기 저, 가을 꽃 자리
초록이 지쳐 단풍 드는데

그의 명시 가운데 하나인 '푸르른 날'을 읽노라니 서정주의 삶과 예술을 아퀴를 짓는 듯해서 새삼 감회가 다르다. 여름이 가을로 가듯, 인생 역시 그렇게 단풍으로 지고 마는데 어찌 사랑하지 않을 수 있으랴.

난세를 건너는 시인의 표정

목가시인 신석정. 30년대 대표적인 평론가인 김기림에 의해 명명된 이 말은 신석정의 시세계를 요약적으로 구축한 대명사가 되어버렸다. 목가는 원래 목동과 목녀의 사랑이야기가 주된 내용을 이룬다. 하지만 신석정의 경우는 목동녀의 사랑이 아닌 자연회귀 혹은 자연동경의 경향이 강하다. 따라서 신석정은 목가시인이라기보다는 자연시인이다.

어머니
당신은 그 먼 나라를 알으십니까?

깊은 삼림대를 끼고 돌면
고요한 호수에 흰 물새 날고
좁은 들길엔 들장미 열매 붉어

멀리 노루새끼 마음놓고 뛰어다니는
아무도 살지 않는 그 먼 나라를 알으십니까?

그 나라에 가실 때에는 부디 잊지마세요
나와 같이 그 나라에 가서 비둘기를 키웁시다

교과서에 수록된 이 시는 신석정의 대표작이라 할 만하다. 어린 소년이 어머니를 부르며 끊임없이 '먼 나라'를 가자고 조른다. '깊은 삼림', '고요한 호수', '좁은 들길' 등 먼 나라의 풍경은 먼 이국이 아니라 바로 여기 우리 조국이다. 그럼에도 화자는 먼 나라라고 강조한다. 왜 그럴까. 화자가 동경하는 먼 나라는 '흰 물새 날고' '노루새끼 마음 놓고 뛰어다니는' 나라다. 다시 말해, 고요와 질서를 파괴하는 일체의 세력이 없는 평화로운 장소인 것이다.

이 작품이 발표된 당시 국내 상황은 어떠했는가. 일제는 만주사변을 일으켜 사람과 물자를 무지막지하게 강제 동원시켰고 일제 강압으로 민족단체인 신간회가 해체되었으며 카프당원 1차 검거 사건이 바로 1931년에 일어났다. 이 시가 발표된 시국은 한 마디로 무질서한 난세였다. 시인은 난세의 철학으로 시의 목소리를 세웠다. 일체의 인위를 배격했던 루소의 '자연으로 돌아가라'는 외침처럼 신석정 역시 자연회귀가 현실을 배격하는 유일한 길이었다.

　흔히 신석정의 시적 특성을 노장철학의 무위자연으로 설명하곤 한다. 노자나 장자가 살았던 춘추전국 시대의 핏발 선 전쟁의 세월에 그들은 일체의 인위적인 행위를 거부하면서 무위자연의 논리를 펼쳤다. 따라서 노장철학은 난세의 철학이다. 무위자연은 일체의 인위를 배격하고 자연 상태에 놓이는 것을 의미한다. 모든 문화가 인위의 작용 결과라 한다면 무위는 반문화적이고 반체제적 성격을 띤다. 병든 시대와 맞서는 대응전략으로 시인은 일체의 모든 것을 부정하고 폭악적인 현실을 비판한다. 이 시를 한가롭게 피리나 불면서 목동의 사랑을 노래하는 투의 시라고 규정하는 것은 이런 맥락에서 방향이 영 잘못되었다. 시인은 소망한다.

　　뼈에 저리도록 생활은 슬퍼도 좋다
　　저문 들길에 서서 푸른 별을 바라보자

라고 말이다. 날 저물어 어둠이 대지를 누르고 있는 현실의 뼈저리게 슬픈 생활에서도 시인은 애오라지 '푸른 별'로 상징되는 희망과 낙관적 미래를 지향하며 난세를 건너고자 했다.

예술가는 더러운 현실에서 천국을 찾는 사람이다

나는 상징의 화원에 노는 한 마리 나비이고자 한다. 아폴로의 아이들이 가까스로 가꾸어 형형색색으로 곱게 피어놓은 꽃송이를 찾아 그 미에 흠뻑 취하면 족하다. 그러나 그때의 꿈이 한껏 아름다웠을 때는 쉬운 그 꿈을 말의 실마리로 얽어놓으려는 안타까운 욕망을 가진다. 그리하여 이 욕망을 채우기 위하여 쓰여진 것이 소위 나의 비평이다.

1940년 1월 1일, 김환태가 쓴 '문학비평의 길' 일부이다. 이 글은 박두진 시인의 글씨로 김환태 문학비에 새겨 덕유산 국립공원 입구 나제통문 옆에 세워졌다. 눌인 김환태는 1909년 전북 무주에서 태어나 일본 도시샤 대학에 입학한다. 거기서 시인 정지용을 만나 문학적 친교를 맺는다. 그 후 후쿠오카의 규슈 대학 영문학과 입학한다. 민족시인 윤동주가 옥사한 후쿠오카. 김환태는 검은 구름이 덮고 있는 이곳 후쿠오카에서 민족혼을 일궈냈다. 영문학을 전공하고 귀국한 그는 1936년에 '구인회'에 가담해 활동하기 시작한다. 박팔양, 김상용, 정지용, 이태준, 김기림, 박태원, 이상, 김유정 등으로 구성된 '구인회'는 카프(KAPF-조선프로레타리아 예술동맹)의 계급주의적 경향문학을 비난하면서 예술의 순수성을 옹호한 단체다. 카프는 예술을 프로레타리아 혁명을 위해 무기화할 것을 부르짖는 단체로 예술을 정치혁명과 사상혁명의 도구로 사용할 것을 강요했다. 1940년 일제의 한글 말살 정책과 함께 친일보국문학이 문단을 휩쓸자 김환태는 붓을 꺾고 울분의 나날을 보내다가 폐결핵의 악화로 향년 35세 젊은 나이에 영면한다. 그해가 해방 직전인 1944년이다.

일제 말엽 고독한 순수문학의 기수 김환태. 그는 1934년 조선일보에 평론을 발표하면서 문단에 등장하여 작고할 때까지 10년간 문필활동을 한 요절작가이다. 비록 문학활동기는 짧았지만 그가 남긴 문학적 궤적은 굵직하다. 문학의 미적 자율성과 문학의 근대성을 인식하고 이를 확립하는 데 기여한 대표적인 30년대 비평가이기 때문이다.

　　예술은 예술가의 감정을 여과하여 온 외계의 표현입니다. 그리하여 그것은 언제나 감정에 호소합니다. 그곳에는 이론도 정치적, 실용적 관점도 있을 수 없습니다. 예술의 세계는 관조의 세계요 창조

의 세계입니다. 이념의 실현의 세계가 아니요 실현된 이념을 반성
하는 세계입니다.

　‘문예비평가의 태도에 대하여’ 쓴 김환태의 글에서 문학은 순수성
을 지향해야 한다고 강조하고 있다. 30년대 평단의 계급주의 문예
이론에 맞서 순수문학 이론을 정립해 한국 문예비평사에 한 획을
그은 사람이 바로 김환태다. 그는 칸트가 말한 ‘무목적성의 합목적
성’, 즉 문학의 창작 과정에서 모든 종류의 외적 요구에서 해방되어
문학 자체의 자기목적적 태도를 지녀야 함에 문학의 본령을 두고
있다. 문학이 문학인 것은 정치적, 사상적 주의주장을 반영해서가
아니라 문학성을 담고 있기 때문이다. 따라서 문학의 질적 평가는
문학 자체에 내재하고 있는 문학적 원리를 파악함으로써 가능하다
는 것이다. 현대 문학비평의 주류인 내재적 비평의 전통은 바로 김
환태로부터 시작되었다.

현재진행형의 대가 시인

고은은 1933년 군산시 미룡동에서 출생했다. 깊이와 넓이 면에서 한두 마디로 압축, 요약할 수는 없지만 그는 문학의 거목이다. 울울 창창한 문학적 상상력으로 빚어낸 광활한 그의 문학적 숲은 독자들에게 때론 울분적 열정을, 때로는 서정적 감동을, 때로는 인류공동체의 동지적 가슴을 나누게 한다.

그는 고희를 훌쩍 넘긴 나이임에도 불구하고 어느 젊은 시인보다도 더 열정적이고 왕성하게 시를 분만하고 있는 현재진행형의 시인이다. 70년대에 발표한 <화살>이라는 시는 고은의 시적 방향을 전환했다는 점에서 의미가 크다.

　　우리 모두 화살이 되어
　　온몸으로 가자
　　허공 뚫고
　　온몸으로 가자
　　가서는 돌아오지 말자
　　박혀서 박힌 아픔과 함께 썩어서 돌아오지 말자

　여기서 화살은 민주투쟁에 앞장서는 사람들을 말한다. 70년대 강고한 유신 정권의 독재에 온몸으로 맞선 사람들을 형상화한 시어이다. 이 시 이후 고은은 시를 몸에 두르고 반민주 투쟁에 앞장서며 투사의 길을 걷게 된다.

　시집 『문의마을에 가서』는 사회 현실에 눈뜨는 시인의 의식이 확연히 드러난다. 초기의 낭만적이며 탐미적인 허무적 색채의 시편들은 70년대 들어 불온한 정치적 생리를 거부하는 시의 얼굴로 바꾸었기 때문이다. 그 후, 80년대 정치적 격동기에 옥고를 치르면서 구상한 『만인보』는 민중의 건강한 삶을 노래한 서사 시집이다. 90년대 이후, 고은은 인류사적 시각에서 보편적인 삶의 문제와 원리를 탐색하는 시적 경향을 보인다. 이와 같이 고은의 시적 여정은 멈추지 않는다. 고은이 걸어가는 삶의 길이 곧 시가 열리는 길이다.

　어느 평론가는 그의 이러한 특성을 다음과 같이 말한다. "고은의 시는 단색의 어조로는 결코 파악되지 않는다. 그의 시는 비유컨대 세상의 속내들에 대한 친근한 연가이다가, 생에 대한 열렬한 찬가이다가, 소멸해 가는 사물들에 대한 안쓰러운 비가이다가, 언어 자체를 넘어서는 침묵이다가, 스스로를 다그치는 죽비의 소리가 되기도 하는 다양성을 띠고 있다."라고.

그렇다. 시인 고은처럼 굴곡진 삶을 보여준 시인도 드물 것이다. 마디지고 옹이진 삶의 뒷전에 그가 남긴 자국은 허무한 바람이거나 한숨이 아니라 삶의 존엄성이라는 이름의 시의 꽃이었다. 그래서 우리는 고은을 주목해야 하며, 그의 시를 경외의 눈빛으로 읽어 내지 않으면 안 된다.

추운 밤이기로서니
어둡고 추운 밤이기로서니
저 태백산맥 소백산맥 하고 많은 골짜기마다
제 집을 이루어
짐승도 잔짐승도 다 숨어버린
추운 밤이기로서니
여기 누가 있어 컹컹 짖거니와
어찌 먼 길이라 가지 않으리이까
가고저
언 땅끝 기어이 물푸레나무 파릇파릇 움트는
거기 가고저

아마 시인 고은은 지상의 풍경을 보는 그날까지 '물푸레나무 움
트는 그곳'을 찾아 나서리라.

소리를 일으킨 비가비 명창 권삼득

전주 세계소리축제가 주말 화려한 막을 올렸다. 이번에는 명창에 대한 이야기를 할까 한다. 중세 신분사회가 급격히 붕괴되던 조선 후기에는 예술을 위해 온몸을 불살랐던 예인들이 많았다. 단원 김홍도, 혜원 신윤복, 오원 장승업 등 풍속화가들과 추사 김정희 그리고 가인 안민영을 비롯한 낭만적 가객 등 역사에 떠오른 인물들이 숱하게 많다. 그러나 이름 없이 피었다 진 들꽃처럼 오직 예술혼을 불꽃처럼 피워낸 유랑 예인과 판소리 광대 등 역사 속에 숨은 인물들도 하늘의 별처럼 많았다.

이 가운데 판소리 광대 권삼득도 있다. 권삼득은 안존한 삶을 버리고 평생을 소리와 더불어 살면서 이 땅에 소리를 일으킨 인물이다. 그의 소리인생이 남긴 일화는 숱하게 많다. 한번은 권삼득이 말을 타고 한양에 가다가 너무 소리를 하고 싶어졌다. 그러나 말을 탄 양반 체면에 소리를 할 수 없어 자신은 말에서 내리고 마부를 말에 타게 해서 그는 마부가 되어 소리를 했다고 한다. 양반 가문의 후예가 공맹을 멀리하고 소리만 일삼다가 결국은 멍석말이가 되어 죽을 판이었다. 이때 권삼득은 죽더라도 소리 한번만 하고 죽게 해달라고 애원하였다. 문중 어른들은 권삼득의 소리를 듣고는 탄복을 했다고 한다. 그런가 하면 감영에서 소리로 황소를 웃게 해 봉변을 모면했다는 일화도 전한다.

판소리를 역사적 지평 위로 솟게 한 권삼득. 그는 전라북도 완주군 구억리에서 안동 권씨의 가문에서 태어났다. 어릴 적부터 워낙 소리를 좋아했던 그는 오랜 소리 공부를 한 끝에 득음을 하게 된다. 그의 본명은 권정이었는데 삼득三得이라 하는 데는 몇 가지 이유가 전해 내려온다. 사람소리, 새소리, 짐승소리 등 세 가지 소리를 귀신같이 한다고 해서 삼득이라고 하고, 신재효가 '광대가'에서 말한 판소리 광대가 갖추어야 할 '너름새', '득음', '사설치레', '인물치레' 등을 두루 갖추었다 해서 붙여진 이름이기도 하다. 비가비 권삼득은 그만큼 판소리에 탁월한 기량을 보인 인물이다. 비가비란 양반 출신의 판소리 광대를 말한다.

세상을 쥐락펴락한 안동 권씨의 명문거족을 버리고 예인의 길을 걸었던 권삼득. 멍석말이를 당하고 가문에서 쫓겨난 그는 오직 판소리 하나를 몸에 두르고 팔도를 무른 메주 밟듯 유랑의 길을 떠난다. 위풍당당한 명문거족이 천시 받는 판소리 광대가 되어 세상 밖으로 돌면서 사람들의 삶의 애환을 소리 하나로 풀어주었다. 소리를 통해 자기를 확인했고 소리를 통해 사람들을 위안시켰다. 고단한 삶이었지만 그는 예술의 완성과 인간완성의 길을 개척해 나갔다. 권삼득은 닫힌 사회를 열면서 행복한 빈자의 길을 걸어간 인물이다. 또한 그는 세계로부터 자아를 분명하게 인식한 근대인이기도 하다.

완주군에 있는 그의 묘지 앞에 소리 구멍이라는 게 있다. 소리 구멍에서 권삼득의 소리를 받아가려는 소리꾼들의 발길이 끊이지 않는다. 단순히 소리 기술만을 받아갈 게 아니라 열린 정신으로 자기해방의 길을 걸었던 권삼득의 정신도 판소리 후학들이 본받아야 할 것 같다.

이화우 흩뿌릴 때 외로운 꿈의 여인

　　매창은 조선조 선조 때 계유년에 태어났다. 그래서 그녀를 계랑癸娘이라고도 한다. 계랑은 부안현 아전이던 이탕종의 딸로 어릴 적부터 시문과 거문고를 익힌 기생伎生이었다. 소설가 정비석에 따르면, 기생妓生은 원래 기생伎生이었다고 한다. 학문을 배우는 학생學生, 유학을 배우는 유생儒生처럼, 재주를 배우고 부리는 사람이 기생伎生이다. 그러다가 몸을 팔게 되면서 오늘날 기생妓生이라는 용어로 변화되었다. 단어 변천 과정에서 우리는 기생들의 신산스러운 삶의 편린을 짐작할 수 있다. 글과 거문고쯤은 능히 다뤄야 조선시대 선비 축에 낄 수 있듯이, 기생 역시 글과 그림 그리고 노래와 춤에 능해야 했다.

　　보통 조선시대 대표적인 기생으로 개성의 황진이와 부안의 이매창을 꼽는다. 이는 그만큼 그 시대의 다른 기생들보다 재주가 많았기 때문이다. 하지만 시, 서, 화에 능하다고 해서 명기가 되는 건 아니었다. 매창과 관련된 일화는 숱하게 많지만 대표적인 것이 바로 허균과의 교류였다. 허균이 매창에게 보낸 글월을 보면 이들이 얼마나 각별했는가를 알 수 있다.

> 계랑에게. 봉래산에 가을빛이 짙어가니, 그대에게 돌아가고픈 생각이 절로 나구려. 그러기에 내가 자연으로 돌아가겠다는 약속을 저버렸다고 계랑은 비웃겠구려. 우리가 처음 만난 이후 만약 조금이라도 응큼한 생각이 있었더라면 나와 그대의 사귐이 어찌 10년 가까이나 친할 수 있었겠는가. 진회해秦淮海를 아는지. 선관禪觀을 지니는 것이 몸과 마음에 유익하다네. 내 언제 이 모든 마음을 털어놓을 수 있을런지. 지면을 대할 때마다 서글퍼지는구려

기유년 구월에 쓴 글이다. 허균이 누구던가. 열혈투사이자 조선시대 방외인을 자처하며 최초 한글소설 『홍길동전』을 통해 있어야 할 사회를 통렬하게 보여준 교산 허균. 소설과 비평문학사에서 허균의 존재는 결코 가볍지 않다. 허균 문학의 무거움도 매창의 매화 같은 절개에서 나오는 시심에서는 오히려 가볍다. 황해도사 시절, 한양 기생을 별실에 숨기고 즐기다가 파직된 허균이고 보면 그 역시 여색을 좋아한 남아였다. 그런 허균이 매창의 올곧은 마음 앞에서는 어쩌질 못했다. 매창이 조선의 명기로 꼽히는 이유는 바로 여

기에 있다. 재주가 승하지도 못하고 얇은 구름장처럼 수시로 정분을
바꾸는 여느 기생과는 차원이 다른 매창이었기 때문이다. 그리기에
당대의 내로라하는 문객이자 호걸 허균도 그녀의 매화 같은 서릿발
정절에 사나이의 가슴만 불태웠던 것이다.

예나 지금이나 사람은 육체의 몸부림으로 평가할 수 없다. 중요
한 건 육신을 부리는 정신의 깊음 혹은 정신의 환함이다. 육체는
정신의 감옥에 불과할 뿐이니 정신의 부림이 육체의 그림을 만들
따름이다.

　　한 평생 東家食은 배우기 싫어
　　달빛 젖은 매화를 사랑하노라
　　그윽한 내뜻은 저희들 모르고
　　오가며 나의 집 찾아들거니 (가을 2)

외로움이 피어낸 매화의 삶 그것이 매창의 길이었다.

가을의 축제

지금 한국은 축제 중이다. 봄, 여름, 가을 할 것 없이 일 년 내내 축제의 징소리가 울린다. 특히 가을철에는 온 나라가 축제의 나날이다. 지상에 불꽃을 터뜨리는 만산홍엽처럼 한국의 가을은 축제로 시작하고 축제로 끝난다.

원래 축제는 오신娛神, 즉 신을 위한 놀이였다. 인간은 신에 의해 던져진 피투성被投性의 존재인지라 신을 즐겁게 하지 않으면 인간사가 수월하게 풀리지 않는다는 믿음을 오래전부터 지녀 왔다. 희랍의 디오니소스 제전은 말할 것도 없고 중국이나 우리도 마찬가지다. 농경민족이었던 우리는 가을철이 되면 천신薦新이라는 의식을 행하고 신과 조상님을 모셨다. 한 해 동안 땀 흘려 가꾼 농작물 가운데 가장 알차고 신선한 곡물과 과일을 바치는 것이다. 이것이 추석의 연원이다. 풍년의 삶이 되도록 도와주신 신과 조상에 대한 감사 표시다. 뿐만 아니라 내년에도 가족의 무사무탈함과 풍년 농사가 연속되기를 축원하는 의미도 함께 있다. 그러니 축제는 신과 인간이 교류하는 거룩한 시간이다.

축제의 기간은 일상의 시간과 공간에서 벗어난다. 그래서 축제는 일상의 질서가 전도되는 양상을 흔히 띤다. 축제의 본질은 일상을 파괴해서 새 일상을 만들어내는데 있기 때문이다. 그런데 요즈음의 축제는 먹자판이다. 하기야 삶이란 먹을거리를 위한 투쟁의 과정이니 축제라고 해서 예외가 될 수는 없을 것이다. 축제는 넉넉한 먹을거리의 생산을 즐기는 신과 인간의 놀이였다. 그런데 먹을거리를 위한 축제가 이제는 먹을거리의 축제, 먹을거리에 의한 축제로 변질되고 말았다. 축제의 주제는 다양하지만 그 내용은 거기서 거기다. 먹을거리도 그렇고 행사 내용도 대동소이하다. 심지어는 진열되는 축제 상품도 별반 특징이 없다. 풍요를 가져다준 신에 대한 감사의 표시는 온데간데없고 상업성만 도사리고 앉아 있는 게 오늘날 축제의 얼굴이다.

메밀꽃 축제, 청보리 축제, 전어 축제, 단풍 축제, 벚꽃 축제, 딸기 축제 등 축제는 자연이 주관한다. 철철이 자연이 마련해준 선물을 인간은 감사하게 받고 이에 대한 예의로 축제를 열어 신을 기린다. 그래서 축제는 성스러운 세계로 들어가는 신성한 시간이 되어야 한다. 이 순간은 타락과 부패, 나태와 오만 등 일상생활의 온갖 잡스러운 것은 깨끗하게 정화되어 재생되어야 한다. 이것이 축제의 진정한 의미다.

그러나 어디까지나 애오라지 신만을 위한 축제가 될 수는 없다. 축제를 만드는 신과 자연 앞에 삶의 주체인 인간이 없다면 무슨 의미가 있겠는가. 하여, 사람들도 축제의 놀이에 신명을 피어낸다. 이것이 오인娛人이다. 생존을 위해 바싹 여몄던 마음의 긴장을 풀고 너와 내가 한마음이 되는 대동사회를 위해 축제는 하나의 마음의 약속이고 몸의 의식이었다.

전국적으로 수백 개의 축제가 벌어지고 있는 이 시간, 축제의 진정한 의미가 무엇인지 다시 새겨볼 일이다. 소모적이고 의례적인 행사가 아니라 생산과 풍요를 가져다주는 축제, 지역공동체 주민들의 삶에 활력을 주어 날로 새로워지는 재생의 시간을 경험할 수 있는 축제인지를 말이다.

시월 상달

　시월 상달이다. 지상의 곡식과 과실의 살집은 더욱 알차고 꽃들은 저마다의 빛깔로 풍요의 계절을 축복한다. 하늘은 푸르러 높아만 가고 흰 구름은 얇게 저며져 있는 듯 없는 듯 그렇게 모양을 바꾸고 있다. 그 아래에서 엷은 바람 몇 올들 저마다 춤추며 만산홍엽의 가을잎을 색칠한다. 이 명징하고 삽상한 계절을 맞아 사람들 마음도 덩달아 넉넉하다. 들녘에는 추수를 기다리는 온갖 생명들이 막바지 제 할 일을 하고 있다.

　온천지가 수런대는 계절 시월. 이때가 되면 조용히 근원을 생각한다. 하늘과 땅과 바람 그리고 구름과 온갖 생명들…… 그 사이에서 인간도 함께 부대끼며 생명으로 향한다는 사실을 다시 깨닫게 된다. 자연과 인간이 한우리 안에서 함께 존재하는 이른바 생태학적 상상력이 시월만큼 크게 작동되는 시절도 없을 듯하다. 지상의 모든 것들이 협력하여 풍요의 결실을 맺게 해주고 이를 허락하신 신에 대해 감사하는 시월. 그래서 시월은 일년 중에서 상달에 해당한다. 추수감사제를 비롯한 온갖 축제와 고사가 상달을 맞이해 집중해 있는 것도 이 이유에서다.

그러나 무엇보다도 시월 상달은 우리 겨레가 처음으로 하늘을 연상서로운 계절이다. 하늘의 환웅과 땅의 웅녀가 만나 거룩한 인간 단군이 탄생하였고 큰 강물은 유구한 세월 속에서 도도히 흘러왔다. 겨레의 시조인 단군이 천상과 지상의 해후로 탄생되었다는 것은 우리들 마음속에 하늘과 땅의 기운이 흐르고 있음을 말한다. 그러므로 우리 겨레는 천지인天地人 삼재三才가 조화를 이룬 민족이다.

신화적으로 볼 때, 단군신화처럼 완벽하게 우주적 통일과 조화를 이룬 경우도 드물다. 천상과 지상 그리고 인간을 아우르는 삼재의 원리는 한글에서도 잘 나타나고 있다. 모음의 기본자가 되는 '·, ㅡ, ㅣ'은 각기 天圓, 地平, 人立을 형상화하고 있기 때문이다. 또한 농악에서 징이나 꽹과리 같은 쇳소리는 하늘을, 장고와 북의 가죽소리는 땅을, 그리고 신명나게 연주하면서 터져 나오는 사람의 소리는 삼재의 그것을 모아놓은 것이다.

　한글과 민족놀이인 농악에서 구현되는 단군신화의 천지인 합일사상은 이제 오늘을 사는 우리들에게 구체적인 삶의 태도로 이어져야 한다. 하늘과 땅의 본디와 이치를 저버리고 인간만이 유일하게 존엄하다는 인간 독존獨尊의식은 역설적으로 인간을 훼손하고 파괴하는 주범이 되었다.

　과학문명에 도취되어 하늘의 음성과 땅의 이치를 눈 밖에 두고 오로지 일신의 영화로움을 위해 돌진하는 현대인의 삶. 자신이 영화로운 건 그 밝기만큼의 타인의 어두운 희생이 있음을 알자. 단군신화에서 알 수 있듯, 사람 마음속에는 이미 하늘이 들어 있으니 이에 대한 깨달음은 멀리 있는 게 아니다. 타인에 대한 배려, 생명을 완성하기 위해 노력하는 모든 생명체에 대해 경외의 시선을 가질 때 곧 하늘의 마음이요 뜻을 아는 것이다. 하늘이 참으로 맑아 서러울 정도로 곱다. 저 쪽빛 투명한 가없는 하늘에 시월 상달이 걸려 있다.

독서의 얼굴

흔히 가을을 독서의 계절이라고 한다. 이 표현은 너무나도 당연시되어 그게 아니라고 부정한다면 문화공동체에서 추방될 지경이다. 그러나 이 가을에 다시 생각해 본다. 과연 가을은 독서의 계절인가? 릴케식으로 말하면 가을은 위대한 여름의 결정체다. 여름의 더운 햇볕과 습한 비바람이 만들어낸 결실의 계절이 곧 가을이다. 온갖 과실과 곡물이 탐스럽게 익어가고 산야를 노랗고 붉게 물들이는 단풍은 쪽빛 하늘과 대비되어 참으로 눈빛 찬란한 풍경을 만들어 낸다. 그래서 가을은 봄과 마찬가지로 분명 시각의 계절이다. 온갖 꽃들이 지상에 터지는 봄과 더불어 가을은 꽃들의 엄숙한 제의가 마련한 과실들로 눈을 즐겁게 한다. 이러한 때 방안에 틀어박혀 책과 씨름하는 건 아무래도 계절에 대한 배반일 성싶다.

독서삼여讀書三餘라는 말이 있다. 책읽기에 딱 좋은 세 가지 때를 말하는데 비올 때, 밤 그리고 겨울이다. 따지고 보면, 이런 때는 나를 외부세계로 밀어내기보다는 자아의 내부로 침잠하기에 맞춤하다. 나 홀로 고즈넉이 사색할 수 있는 가장 좋은 시간이 이 세 경우다. 이럴 때 책과 더불어 말없는 대화를 나눈다면 효과 만점이다. 그래서 독서는 가을보다는 겨울이 훨씬 좋은 계절이다.

우리는 독서를 통해 지식과 정보를 얻고 삶의 이치를 발견한다. 그러나 독서는 반드시 책으로만 가능한 일은 아닌 듯싶다. 지식과 정보 습득이 독서의 유일한 목적은 아니라 해도, 결국 독서는 세상을 이해하고 파악하는 중요한 수단임에는 틀림없다. 독서를 통해 우리는 생의 지혜를 발견한다. 이러한 목적이라면 독서 외의 형태도 가능하지 않을까? 독서만이 지혜를 제공하는 유일한 방법은 아니기 때문이다. 이를 생사, 감사, 취사라는 용어로 접근해 보기로 하자.

생사生思는 말 그대로 자연스럽게 생각이 우러나온다는 뜻이다. 우주와 자연의 흐름을 조용히 관찰하다 보면 세상사, 인간사의 이치를 발견할 수 있다는 의미다. 인류의 수많은 선지자들, 탁월한 과학자들은 바로 이 생사의 원리에서 귀중한 것들을 발견해 냈다. 아이작 뉴톤의 만유인력이 실험실에서 얻어진 게 아니지 않은가.

둘째는 감사感思다. 이는 사물을 통해 삶의 이법을 깨닫는 것이다. 사물과의 경험을 통한 시각, 청각, 촉각, 후각 등 각종 감각작용은 물질적 상상력을 일으켜 사물이 주는 의미를 파악케 한다. 가령, 여기에 '초불'이 있다고 치자. 우리는 초불을 통해 어둠의 세력을 물리치기 위해서는 자신의 몸을 태울 만큼의 희생이 따라야 한다는 지혜를 발견할 수 있다. 이처럼 온갖 사물은 제 나름대로 고유의 특성을 지니고 있다. 따라서 사물의 면밀한 관찰을 통해 삶의 이치를 발견할 수 있는 것이다.

마지막으로 취사取思다. 세 사람이 가면 반드시 자신의 스승이 될 만한 인물이 있다는 말이 있듯이, 사람을 통해 배울 점을 취해 삶의 지혜를 얻는 경우이다.

『에밀』의 저자 루소는 이를 자연에 의한 교육, 사물에 의한, 인간에 의한 교육이라고 정리했다. 이 가운데 가장 낮은 형태의 교육방식이 인간에 의한 교육이다. 그래서 그는 자연으로 돌아가라고 외쳐대지 않았던가.

명징한 가을 하늘이 광활하기만 하다. 빛과 열들이 점차 옅어지고 지상의 온갖 수목은 이에 맞춰 분주하기만 한 이 가을날, 자연이 건네는 말없는 소리에 귀 기울이며 계절의 상상력을 가동해 보기로 하자. 그러면 책보다도 훨씬 강력한 힘으로 지혜의 세계로 안내할 것이다. 가을을 만나면서 생의 의미를 발견하려는 生思의 자세야말로 이 가을에 실천할 수 있는 진정한 독서이다.

물의 신화학

지금 한창 주가를 올리고 있는 TV드라마 <주몽>에서 그의 어머니는 유화 부인이다. 우리 신화에서 유화는 하백의 딸로 해모수와의 사이에서 주몽을 낳았다. 발이 셋 달린 까마귀인 삼족오 해모수가 태양을 상징한다면 하백은 강을 의미한다. 그러므로 주몽은 태양과 물의 정기를 받고 태어난 셈이다. 고구려 동명왕 신화에 따르면, 단군신화와 마찬가지로, 우리는 천상과 지상의 정기를 고루 받은 민족이다. 신화를 보면, 주몽은 외할아버지인 하백의 도움을 톡톡히 받는다. 주몽이 조선 유민들을 이끌고 졸본으로 향할 때 큰 강물을 만나게 된다. 이때 주몽은 할아버지인 강의 신 하백에게 도움을 요청한다. 그러자 자라들이 나타나 길을 열어주었다고 한다.

세계 어느 민족이든 물과 관계되는 창조신화를 한두 개씩은 가지고 있다. 물과 관련된 희랍신화에는 이런 재미있는 이야기도 있다. 하늘의 신 우라노스는 아내 가이아를 몹시 박정하게 대했다. 가이아가 아들인 크로노스를 부추긴 끝에 크로노스는 아버지인 우라노스의 성기를 거세하고 그 정액을 바다에 뿌렸다. 파도에 밀려 떠다니던 정액이 바다의 물거품으로 변했다/ 그리고 그 속에서 미의 여신 아프로디테가 조개껍질을 열고 태어났다.

일본의 창조신화 역시 물과 관련이 깊다. 바다 속 깊은 곳에서 잠을 자다 깨어난 잉어가 격렬히 몸을 비틀며 물장구를 치는 바람에 엄청난 파도가 일더니 그 속에서 일본 땅이 솟았다는 것이다.

인류의 창조신화에 물이 관련된 건 물이 생명의 근원이기 때문이다. 지구 자궁의 즙이라고 하듯이 물은 지구를 지탱하는 가장 중요한 요소 가운데 하나이다. 사막의 선인장을 포함해 그 어떤 생명체일지라도 물이 없다면 더 이상 생명은 이어지지 않는다. 지구에는 다종다양한 생명체가 살고 있지만 이들의 조상은 단세포 원시해양 생물체다. 물이 생명을 낳은 것이다.

또한 물은 재생의 의미를 지니고 있다. 기독교에서 요한의 세례는 말할 것도 없고 고전소설 <심청전>에서 인당수는 죽음과 파멸이 아니라 재생과 부활을 의미한다. 심청이가 심황후로 존재론적 상승이 가능했던 이유는 인당수에 빠졌기 때문이다. 이처럼 물은 생명 그 자체를 온전하게 하며 오염과 타락을 깨끗이 씻어내 정화하고 재생한다. 이것이 물의 정신이자 물이 지닌 신화학적 의미다.

가을 단비가 내렸다. 오랜 가을 가뭄으로 대지는 바짝 메말라 농가에서는 과실의 수확량이 예전에 비해 30% 이상 감소될 예상이라는데 그나마 늦게라도 다행이다. 흥전만전 물 쓰던 시대는 갔다. 너무나 흔한 게 물이라지만 우리는 물을 물로 봐서는 안 된다. 생명의 탄생과 정화력 그리고 재생력이 물이 갖는 힘이다. 가을 단비가 촉촉이 지상을 적시는 오후다. 저 단비가 우리네 삶을 새롭게 정화하고 지쳐서 소진한 삶들을 일으켜 세울 수 있는 재생의 힘이 되었으면 좋겠다.

오이디푸스 비극의 비밀

어릴 적 누구나가 한 번쯤 해봄직한 수수께끼. 깊어 가는 여름밤에 모깃불 연기에 기침을 해대면서도 수수께끼 놀음에 빠져 밤 깊은 줄 몰랐던 그 시절. 수수께끼는 밤하늘에 떠 있는 무수한 별만큼이나 신비롭고 반짝였던 호기심 그 자체였다. 더러는 무섭기도 하고 더러는 깔깔대며 배꼽을 쥐었던 수수께끼는 어린 시절 가장 쉽게 할 수 있는 놀이였다. 병아리들 어미닭을 에워싸듯 눈을 말똥거리며 모여 앉아 궁리하다가 답을 모르면 엉뚱한 답을 대고는 웃어대는 게 수수께끼의 재미였다. 맞히면 맞혀서 재미있고, 맞히지 못해도 큰 벌이 없으니 부담이 없다.

그러나 세계문학에서 수수께끼를 풀지 못해 잡아먹히는 무시무시한 이야기는 부지기수로 많다. 그 가운데 스핑크스의 수수께끼가 있

124

다. 문헌상 가장 오래된 것이 희랍 시대 스핑크스의 수수께끼다. 머리는 아름다운 여인이고 몸은 사자인 스핑크스는 지나가는 사람들에게 수수께끼를 내서 맞히지 못하면 잡아먹어 버렸다. 아침에는 네 발, 점심에는 두 발, 저녁에는 세 발로 가는 것이 무엇이냐? 괴물 스핑크스는 지나가는 오이디푸스에게 수수께끼를 냈다. 오이디푸스는 그건 인간이라고 답했다. 수수께끼를 푼 오이디푸스는 스핑크스로부터 테베 왕국의 시민을 구하고 왕이 된다. 오이디푸스가 왕이 될 수 있었던 건 인간이란 어떤 존재인지를 알기 때문이다. 그러나 오이디푸스는 차츰 비극의 길로 걸어간다. 그리고 그 비극은 자신에게 내린 저주의 신탁 때문이라고 알려져 있다.

오이디푸스의 아버지 라이오스가 젊은 날 이웃나라의 왕자를 사랑했다. 아들과 동성애한 사실을 안 왕자의 아버지 펠로프스 왕은 라이오스를 저주하기 시작했다. 라이오스는 아들에게 죽고 그의 아내는 아들의 아내가 될 것이라는 이 무시무시한 저주는 사실로 드러났다. 오이디푸스는 아버지인 줄도 모르고 삼거리에서 죽인다. 그리고는 테베의 왕이 되어 어머니 이오카스테를 왕비로 맞이한다. 오이디푸스는 인간으로서 도저히 상상할 수 없는 패륜을 범한 것이다. 그 결과 그의 왕국에는 재앙이 내린다. 재앙은 왕국에 패륜을 범한 자가 있기 때문이라는 예언자의 말에 오이디푸스는 당장 그 자를 잡아들이라 한다. 그러나 정작 자기 자신임을 뒤늦게 알고는 스스로 눈을 멀게 해 자신의 왕국에서 추방당한다.

  오이디푸스 비극의 원인은 신탁이 아니라 그의 내부에 있었다. 그가 라이오스를 살해한 건 인간적 결함 때문이다. 분을 참지 못하고 욱하는 충동적 분노, 전후 상황을 따지기 전에 행동이 먼저 나가는 성급함, 그리고 스핑크스의 수수께끼를 풀었다는 데서 기인한 교만함 등이 그것이다. 스핑크스의 수수께끼를 푼 그는 인간이 무엇인가를 안 현명한 사람이지만 정작 자신의 결함에 대해서는 무지했다. 그로 인해 그는 결국 파멸하고 무명無明의 일각一刻이 되어 스스로 눈먼 자가 된다. 눈을 뜨고 있어도 자신에 대해 무지하면 눈먼 자임을 오이디푸스 비극은 말하고 있다.

나무를 본다

나무를 본다. 줄기와 잎은 하늘을 향하고 뿌리는 땅속에 박고 있다. 하늘과 땅을 연결하는 나무. 그래서 예부터 나무는 신령하게 여겨 왔다. 단군신화에 나오는 신단수처럼 천상의 존재가 지상으로 강림하는 통로가 바로 나무다. 영화 <십계>에서 모세에게 십계명을 내리는 여호와 하나님은 불타는 떨기나무에 계셨다. 무당이 신대를 흔드는 건 신이 내려와 이른바 접신했다는 신호다. 88올림픽 개막 행사 때 성화대는 거대한 나무의 형상이었다. 우주와 지상을 연결하는 우주의 나무다. 언어와 피부색을 가릴 것 없이 지상의 모든 인류가 모여 제전을 벌이는 마당에 하늘의 신들도 강림해 함께 축복을 해달라는 메시지다. 신들이 우주수宇宙樹를 타고 내려와 지상의 잔치에 참여한다. 인간의 자리에 신이 참석한다는 것은 하늘과 사람이 분리되지 않고 연결되어 있다는 증거다. 우주수는 바로 그 연결

통로인 셈이다. 선수들이 모두 입장하고 성화가 점화되기 전, 우주
수는 나무의 형체를 벗어버리고 성화대가 되어 스포츠 제전의 불을
밝힌다. 그리고 축제는 시작된다.

　　나무는 주어진 분수에 만족할 줄을 안다. 나무로 태어난 것을 탓하지
　　아니하고 왜 여기 놓이고 저기 놓이지 않았는가를 말하지 않는다.

　이양하의 수필 <나무>의 일부다. 그는 나무를 보면서 이렇게 정
의한다. '나무는 훌륭한 견인주의자요, 고독의 철인이요, 안분지족의
현인이'라고. 그래서 "죽어서 나무가 되고 싶다."라고 고백한다. 한
편, 바다의 저쪽에서 바라보는 나무에 대한 시선은 어떤가. 독일의
지성 헤르만 헤세는 "나무는 교의나 규율을 말하지 않고 개별적인
것을 넘어 삶의 근본법칙을 들려준다."고 하였다. 바다의 동서를 막
론하고 나무는 우리에게 범상한 사물이 아님을 말하고 있다.

　『천개의 고원』이라는 책을 보면 서구의 사상적 전통을 수목형tree
모델로 규정하고 있다. 나무의 굵은 줄기를 중심으로 여러 가지가
뻗어 나오고 가지에서 다시 작은 가지가 생긴다. 나무의 형태처럼
서구의 철학을 비롯하여 인간사고와 사회조직이 만들어져 나갔다는
것이다.

128

이로 보면 나무는 교과서다. 아니 하나의 철학서라고 할 수 있다. 삶의 근간이 되는 문명적 사유의 출발이 자연에서 나왔다는 건 이미 그리스 자연철학자들에게서 확인할 수 있지만 나무야말로 인간이 문명사회를 이룩하는 데 필요한 상상력의 원천이다.

가을이 깊어 산을 찾는 사람들이 부쩍 늘었다. 울긋불긋한 단풍의 채색 구경은 즐겁다. 하지만 나무가 들려주는 말없는 언어에 귀를 기울여 보자. 단풍 아래서 사진을 찍는 것도 좋지만 마음속에 나무의 소리를 담아오는 것도 좋으리라. 뿌리이자 줄기이고 줄기이자 뿌리인 나무의 리좀. 현대사회는 바로 이런 리좀적 사고가 필요하다. 고정된 체계나 구조 그리고 중심이 없을 뿐 아니라 비위계적이며 어떤 궁극적 근원이 아닌 다원성을 보이는 사회. 차이를 인정하고 다차원성을 지향하는 열린사회이다. 다시 나무를 본다.

땅이름이 내일을 연다.

사람마다 이름이 있듯이 땅도 저마다 이름을 가지고 있다. 어디 사람과 땅뿐이랴. 지상에 존재하는 모든 삼라만상이 제각기 이름들을 가지고 있다. 이름은 다른 사물과 구분을 가능케 하고 사물의 고유한 속성을 드러낸다. 시인 김춘수는 꽃을 꽃이라 부를 때 비로소 의미 있는 존재가 된다고 하였다. 이름을 부르는 순간 대상은 어둠과 미완의 존재에서 밝음과 완성의 존재로 탄생된다는 것이다. 이는 이름이 사물의 본질을 담고 있는 중요한 기호임을 말한다. 여기에 생각을 박고 찬찬히 따져보면 이름은 분명 스쳐 지나칠 언어 현상만은 아니라는 생각이 든다.

특히 땅이름은 단순히 지명의 의미를 넘어서서 미래를 먼저 보여주는 예견적인 속성이 있다는 점에서 주목을 요한다. 첩첩산중 산골

진안에 용담이라는 땅이름이 있다. 무주, 진안, 장수를 합친 무진장은 그야말로 무진장한 산세로 인해 전국적으로도 알려진 오지 중에 오지다. 이런 첩첩산골에 용담이라는 땅이름은 의외다. 용담龍潭은 용이 사는 연못이라는 뜻이다. 어지간한 물에서 용이 살 수 없으니 수악한 산골인 진안이라는 지역에서는 어울리지 않는 땅이름이다. 그런데 지금은 어찌 되었는가. 용담 저수지가 들어서 그야말로 황룡, 청룡들이 물 속 어디선가 있을 것만 같이 깊고 푸른 저수량을 보인다. 그래서 용담이라는 지명은 마치 잠룡처럼 숨어 있다가 후대에 이처럼 거대한 연못이 될 것을 미리 땅이름으로 알려주었던 것이 아닌지 모르겠다.

땅이름이 미래를 여는 열쇠가 됨은 이뿐만이 아니다. 김제 금구金溝는 사금 채취가 가능한 지역이고, 군산 옥산은 옥이 생산되는 땅이다. 온양, 온성처럼 '온'溫자가 들어 있는 땅이름은 온천과 관계가 깊다. 이런 곳에다 파이프를 박는다면 아마도 온천물이 솟아 대박을 터트릴 가능성이 높다. 경기도 수원에 신갈이라는 지역이 있다. 신갈은 경부고속도로와 영동고속도로가 나누어지고 합쳐지는 곳이다. 그런데 신갈의 땅이름이 갈촌이다. 갈촌은 칡넝쿨 마을이라는 뜻이다. 도로가 칡넝쿨처럼 얼기설기 복잡하게 꼬일거라는 걸 땅이름이 먼저 예견해 주고 있다. 참으로 희한한 일이다.

예부터 내려왔던 것들. 이것이 진정 우리의 내일을 열게 하는 열쇠가 아닌지 다시 생각하게 한다. 연암 박지원이 글쓰기의 동력으로 삼은 법고창신이나 고전에서 으레 말하는 온고지신은 무엇을 말하는가. 이는 옛것을 다시 살피라는 주문이다. 현재와 미래를 도모할 수 있는 발판은 기상천외한 새로움에 있는 것이 아니다. 과거가 남겨 놓은 낡은 것들 속에 이미 새로운 비전이 들어 있다. 문제는 이를 어떻게 현재화하느냐에 달려 있다.

밤실이라는 땅이름의 지역에서는 밤나무를 키워야 하고 마을이름이 돌실이라면 석재를 채취해야 한다. 땅이름은 우리에게 현재와 미래를 살피게 한다. 이로 보면 땅이름은 단순한 지명이 아니라 생존의 키워드라고 할 수 있다.

거북바위와 전주

1997년에 포항 영일만이 한동안 떠들썩했다. 천년 묵은 거북이 한 쌍이 어장으로 들어와 잡힌 것이었다. 어장 주인은 거북이를 횟집 수족관에 넣어 두었다. 그런데 부산에 있는 한 사찰 주지가 '내가 여기에 있으니 오라'는 꿈을 꾸었다. 그래서 주지는 물어물어 횟집을 찾았다. 거북은 예부터 영물이니 방생해야 한다고 횟집 주인을 설득했다. 해군 함정의 협조를 받아서 거북이를 방생했다. 물론 방생법회와 용왕제까지 모셨다. 그런 일이 있고 난 후 6년 만에 영일만의 가뭄이 풀리고 비가 내렸다. 사람들은 거북이를 보기 위해 그야말로 구름같이 모여들었다.

거북은 옛날부터 십장생十長生의 하나로서 영물로 알려져 왔다. 그래서 그런지 거북과 관련된 이야기는 숱하게 많다. 가락국 수로왕을 맞이할 때 불을 피우며 불렀다는 <구지가>는 신을 맞이하는 영신군가迎神君歌이다. 김시습의 소설 『금오신화』의 <용궁부연록>은 의인화된 거북이가 등장한다. 고전소설 『별주부전』 역시 거북(자라)이 물과 뭍을 오가는 초월적 존재로 묘사되고 있다.

이처럼 거북이는 인간사회에서 영물로 취급되고 있다. 오래 살고 알을 많이 낳기 때문에 장수와 풍요의 상징동물로 여겨져 왔다. 또한 거북머리를 나타내는 귀두는 성기를 의미하는 말이니 성性과도 관련이 있다. 앞서 <구지가>에서 '머리를 내놓지 않으면 구워 먹으리라'고 협박과 으름장을 놓은 건 모계사회에서 남성에게 성적 주문을 하는 것으로 해석하는 이도 있다. 이로 보면 거북이는 장수, 풍요, 다산을 상징하는 상서로운 동물임에 틀림없다.

얼마 전, KBS 역사 스페셜에서 전주 금암동에 있는 거북바위를 다룬 적이 있었다. 전국적으로 거북 형상의 바위는 많이 있다. 가령 익산 금마의 구룡마을 거북바위, 남해 금산의 거북바위, 충남 금산 어풍대의 거북바위, 속리산 수정봉의 거북바위가 대표적이다. 전국적으로 산재된 바위들의 형상이 얼굴, 이무기, 매 등으로 생겼다 해서 여러 바위 이름들이 있지만 그 가운데 거북바위가 제일 많다. 이는 거북의 상징성 때문일 것이다. 인간의 소망을 기원, 의탁하는 매개적 존재로 거북이를 영물화했기 때문이다.

전주 금암동의 거북바위는 길이가 17미터, 무게가 270톤이 되는 거대한 형상이다. 풍수적으로 볼 때 전주는 완산칠봉과 용머리 고개, 용두봉의 좌청룡과, 서백호에 해당하는 기린봉이 있으니 좌청룡 우백호를 갖춘 도시다. 여기에 금암동의 거북바위가 바라보는 쪽이 남쪽 승암산이니 승암산은 남의 주작이요 금암동의 거북바위는 북의 현무가 된다. 그래서 전주는 하나의 완벽한 네 방위의 사신체계인 좌청룡, 우백호, 남주작, 북현무를 갖춘 곳이다. 그래서 그런지 전주는 천재지변이 거의 없는 곳이다. 홍수와 태풍의 영향을 거의 받지 않는 그야말로 온전한 땅이 바로 전주다. 전주시민의 복이라 하지 않을 수 없다.

멀리 기린봉과 완산칠봉이 두르고 있는 분지 전주는 전국적으로도 손꼽히는 더운 도시다. 이는 천재가 아닌 인재다. 바람길을 막는 무분별한 도시 건설 탓이다. 이로 말미암아 거북바위가 진땀을 흘리지 않을까 저어된다.

인생의 어미변화

괴테의 평생 역작인 『파우스트』에서 파우스트 박사는 철학, 법학, 의학, 신학을 두루 섭렵한 학자이자 의사이고 신학자이다. 그의 학문은 중세의 모든 학문 분야를 망라한 것이니 그는 중세적인 입장에서 보면 모든 지식을 통섭한 지식인이었다. 그런 그가 자신이 소유한 지식만으로는 삶의 문제를 해결할 수 없음을 깨닫는다. 그리하여 악마 메피스토펠레스와 거래를 한다. 자신의 영혼을 팔아서라도 우주의 참된 의미를 파악하기 위해서다. 해박한 지식인 파우스트도 인간의 유한성에서 오는 슬픔으로부터 자유롭지 못했다. 생명이나 우주의 신묘한 이치를 파악하지 못하는 인간의 유한성을 가슴 아파하며 그는 외친다.

이 얼마나 장관이냐! 그러나 아! 슬프다
한갓 장관에 지나지 않는다.

　대자연, 우주의 오묘한 이치를 보면서도 그 이치를 깨닫지 못하니 인간은 완전자의 밖에 머물고 있는 국외자이며 단순한 방관자라는 사실을 알고는 그는 참을 수 없는 존재의 가벼움을 느낀다. 파우스트는 악마와 거래를 하면서까지도 지극히 닫힌 존재인 인간을 이해하고 대우주의 오묘한 이치를 파악하기 위해 평생 동안 자신을 달구었다.

　　인간의 참뜻이 무엇인지 말해주겠니?
　　사람은 어디서 왔는지? 어디로 가는 것인지?
　　머리 위에 반짝이는 금빛 나는 별엔 누가 살고 있는지?

　　바람이 불어 구름은 쫓겨가고
　　파도는 영원토록 끊임없이 수군대고
　　별들은 아랑곳없이 싸늘하게 반짝이건만
　　그러나 못난이는 대답만을 기다리고 있구나

　독일 시인 하이네 역시 인간과 삶 그리고 우주의 오묘한 이치에 대한 궁금증을 시로 풀어내고 있다. 만해 한용운의 '알 수 없어요'를 연상시키는 이 시는 인간과 우주에 대한 신비와 더불어 왜소하기 짝이 없는 인간의 존재성에 대한 자각이라고 할 수 있다. 그래서 사람은 평생 존재의 어미변화를 꾀하며 부단히 노력하고 갈망하는지 모른다.

　70을 훌쩍 넘긴 이어령 씨가 엊그제 시인으로 문단에 데뷔해 장안의 조용한 화젯거리가 되고 있다. 그는 이미 20대에 『저항의 문학』, 『흙 속에 저 바람 속에』를 발표하며 세인의 주목을 받았다. 초대 문화부장관을 역임하는 등 50대 때는 문화행정의 일을 보기도 한 그는 소설, 희곡, 에세이, 평론 등 문학의 여러 영역을 두루 넘나드는 언어의 마술사였다.

　그런 그가 고희를 넘긴 나이에 이번에는 시인의 길을 열었다. 단순한 것이 복잡한 것보다 훨씬 진리에 가깝다는 평범한 진리를 체득한 까닭일까. 아니면 시가 인간과 삶의 의미를 적실하게 표출하는 장르라고 판단해서 시를 쓰게 되었는지도 모른다. 어쨌든 분명한 사실은 그가 70이 넘도록 끊임없이 젊은이 못지않은 생의 열정을 피워내고 있다는 점이다. 손자의 재롱이나 받으며 숨차게 살아온 날들을 정리하는 나이에 접어들었음에도 불구하고 그는 끊임없이 자기 이노베이션을 모색하며 인생의 어미변화를 시도하고 있다.

　경제사정이 좋지 않은 상황에서 취업난은 날로 가중되고 있다. 무엇을 해 먹고살아야 할지 막막해질 때가 많다. 이럴 때 그저 괜한 한숨만 내몰며 삶의 가벼움을 느끼곤 한다. 그러나 사람은 희망으로 산다지 않던가. 포기하지 않는 정신으로 스스로를 바꾸는, 인생의 어미변화에 눈을 둬봄직 하다.

동지, 겨울의 절정에 서다

얼마 전이 동지였다. 입동, 소설, 대설, 동지, 소한, 대한. 동지는 겨울의 절정이다. 겨울 절후 가운데 맨 중앙에 있는 것만 보아도 알 수 있다. 그래서 동지는 겨울의 대명사이다. '동짓달 서리까마귀', '동지섣달 꽃 본 듯이' 등은 딱 동짓날을 가리키는 게 아니라 한겨울을 의미한다. 동지가 일 년 중 밤이 가장 길다는 점에 착안한 황진이는 사랑하는 사람과의 해후를 위해 동짓밤을 요리한다.

동짓달 기나긴 밤 한 허리를 버혀내어
춘풍 이불 아래 서리서리 넣었다가
님오신 밤이여드란 구뷔구뷔 펴리라

우리말을 맛깔스럽게 빚어낸 언어적 미장도 그러거니와 시적 의

취도 상당한 수준을 보인다. 동짓날 한밤 그 가운데서도 가장 복판에 있는 깊고 깊은 밤을 무를 자르듯 잘라서 이불 속에다 넣어두었다가 임이 오는 밤이 되면 곱게 접어둔 동짓밤을 펼쳐 긴긴 사랑을 풀어내겠다는 발상은 웬만한 시적 의취를 갖지 않고서는 넘볼 수 없는 경지다.

원래 농사일과 관계가 있는 24절기. 씨 뿌리고 거두는 일은 천기의 조건에 따라야 한다. 동지는 한 해의 끝머리인 섣달 마지막에 있는 절기다. 이날은 팥죽을 쑤어 먹는다. 팥이라는 온식품을 섭취해 몸을 덥게 하는 의도도 있지만 벽사진경의 주술적 의미가 더 크다. 한 해를 보내는 세밑자리에서 다가오는 새해도 삿된 기운이 얼씬하지 않도록 염원하는 마음에서 팥죽을 나누어 먹고 집 안 곳곳에 뿌린다. 붉은색이 잡신을 물리친다는 속신 때문이다. 이로 보면 팥죽은 단순히 음식이 아니라 사악한 기운을 물리치고 경사스러움을 맞이하려는 주술적 도구이자 메시지라고 할 수 있다.

정보화 사회다. 한겨울에도 반팔차림으로 컴퓨터를 하루 종일 구구다보면서 먹고사는 일을 해결한다. 그래서 절기는 단순히 점심이나 저녁식사의 특별 메뉴가 나오는 것으로 기억하고 만다. 하기야 실내 위주의 생활을 하다 보니 그럴 수도 있을 것 같다. 그러나 그렇다고 하늘 아래 사는 이상 천기와 지기의 오묘한 작용을 무시할

순 없다. 머리는 하늘을 이고 발은 땅을 딛고 있으니 하늘과 땅에 의지할 수밖에 없잖은가.

천지간의 대화에 귀를 기울여 보자. 동짓날 푸른 조각달이 걸린 밤하늘은 많은 생각을 자라게 한다. 그래서 테크노 유포리아에 빠져 있는 현대인일수록 절기의 의미를 새삼 살펴볼 필요가 있다. 동치미 한 그릇에 팥죽 한 사발은 아니더라도 동짓날의 살가운 풍경을 보여주는 시 한 수로 동짓날 분위기에 빠져봄이 어떨까.

양력 멩질이나 해서 가렴
이렇게 날두 춥구 한데

야 새아가
그 왜 참쌀 있디 왜
닛참쌀 가루루
몽이나 비자라

동지가 낼인데
죽이나 쑤렁

달구지 바꾸는
눈길을 굴러간다
달가당 쌍강 빼각

눈길을 굴러간다
땅버들 냉기엔 까치가 짖는데
새색씨 똬리엔 어이 엘린다
볏낱가리 높구 우물 깊은 동네
눈 덮인 초가집 굴뚝에서는

동지죽 쑤는 연기가 쿠울 쿨
자꾸 올라간다 (양명문, ‘동지’)

억압된 것들이여, 귀환하라

새해가 시작되었습니다. 커튼을 열자 아침 햇살이 우르르 쏟아져 들어옵니다. 묵은해에 있었던 어둡고 비루한 것들은 새해에는 이 맑은 햇살로 세탁되어 다시 생명이 돋기를 바라는 마음으로 새 아침을 열고자 합니다.

문화와 삶이 다를 바 없지만 우선 먹고사는 일이 급한 터라 문화를 말하는 게 구름 위의 산책이라고 여기는 사람도 계실 겁니다. 그러나 삶을 빚어내는 문양도 그 사람의 뜻에 의한 것이니 삶과 문화를 살과 뼈처럼 어찌 나눌 수가 있겠습니까. 땀벌찬 삶은 그에 상응하는 물질을 녹록하게 제공해 주지 못하고 세상은 머릿속 생각과 자꾸만 어긋나기만 하니 문득 김시습의 시 "心與事相反 除詩無以娛"(내 마음과 세상이 어긋나 있으니 글 외에 즐거움이 없구나)

를 떠오르게 합니다. 하지만 이마저도 흔쾌하지 않아서 흔들리기 일
쑤입니다.

새해에는 모든 억압된 것들이 귀환했으면 합니다. 남성에 의해
여성이, 메이저에 의해 마이너가, 엘리트에 의해 대중이, 외형에 의
해 내면적 진실이, 거짓에 의해 참이, 물物에 의해 물외物外의 도
道가, 권력에 의해 소외된 자들이 스스로의 가치를 드러내는 열린
사회가 되기를 기대합니다. 이들을 억압했던 어두운 힘의 횡포가 단
단한 껍데기를 벗어버리고 다정하게 서로 눈짓을 나누는 상생의 문
화가 되기를 소망해 봅니다.

정월은 겨울로부터 시작됩니다. 옛 농경사회 때는 진정한 한 해
의 시작을 춘경기인 삼월이라고 여겼습니다. 오늘날 학교의 새 학기
가 삼월에 시작되는 건 바로 농경사회의 흔적입니다. 그래서 일 년
은 봄부터 시작된다고 여깁니다. 그러나 그렇지 않습니다. 일 년은
겨울로 끝나고 겨울로 시작됩니다. 이 엄연한 현상이 있음에도 불구
하고 우리는 겨울을 한 해의 마무리 계절로만 알고 있습니다. 그리
하여 겨울은 비활동적이고 비생산적인 시간으로 여겨 왔습니다. 바
로 봄이나 여름에 의해 억압되고 밀려난 또 하나의 모습이 바로 일
년의 시작인 겨울에도 있습니다.

주변의 문화현상을 두고 볼 때, 소외된 겨울처럼 주변부로 밀려나는 것들이 셀 수 없이 많습니다. 밤과 낮이 경계가 없듯이 중심과 주변의 나눔은 있을 수 없습니다. 진정한 문화의 힘은 이들을 통섭해 가는 데 있습니다. 하나가 여럿이 되고 여럿이 하나가 되는 문화의 힘. 이것이 화이트헤드의 말대로 진정한 창조성일 것입니다.

새해 꼭두머리에 서서 이 땅에 진정한 창조적 문화가 번성하기를 소망해 봅니다. 그리하여 억압된 자들이 모든 존재적 가치를 인정받고 그 자체로 신명난 생명풀이가 이루어지도록 꿈꾸어 봅니다. 소외되고 억압된 모든 말과 몸들이 연못에 연꽃 번지듯 일어나 생명의 힘을 뿜어내는 새해였으면 합니다. 저기 저, 천년 묵은 바위 청솔가지 밑에 쌓여 있는 그늘이 하얗게 밝아옵니다.

사랑과 상상력

조안 롤링. 그녀는 결혼생활에 실패하고 4개월 된 딸과 국가보조금으로 지내다가 동화를 쓰기로 결심한다. 집 근처의 카페에 앉아 판타지 모험담을 종이 위에 하나씩 만들어 내면서 그 유명한 『해리 포터』 시리즈를 완성하였다. 책은 차치하고라도 영화가 올린 매출액이 20조 원을 넘었으니 판타지 모험담 하나로 세계적인 부호들이 가입한 부호클럽회원이 되었다.

결혼에 실패하고 가난한 살림에 아이를 제대로 돌봐주지 못한 상황에서 그녀는 어린 딸에게 희망과 용기를 주고자 『해리 포터』를 만들었던 것이다. 그러나 그 결과는 엄청난 것이었고 세계적인 명품이 되어 그녀를 돈방석과 명예의 전당에 앉히게 했다. 조안 롤링의 성공담을 가만히 보고 있으면 두 가지의 중요한 핵심이 떠오른다.

사랑과 상상력이 바로 그것이다. 아이를 사랑하는 마음, 아이를 헤아릴 줄 아는 마음이 자라고 자라서 상상력을 만들어내고 그 상상력은 가히 시간과 공간을 초월한 판타지와 현실의 리얼리티가 공유하는 세계를 창조하였다.

비단 『해리 포터』의 경우가 아니라 해도 하나의 위대한 예술은 사랑과 상상력이 교직되어 탄생하는지도 모른다. 아니, 사랑이 호기심과 탐색을 동반하는 정신작용이라면 사랑이 시작되는 순간 상상력 역시 가동된다. 이런 점에서 보면 세상에 참으로 소중한 게 사랑이다. 지극히 높고 지극히 순수한 사랑은 그 어떤 힘보다도 강하다. 그래서 사랑은 지적인 힘을 일으키는 엔진이며 예술과 문화를 일궈내는 불씨다.

예술과 과학은 서로 비각인 것처럼 간주되기 일쑤지만 이 두 분야는 '불가능한, 가능성의 세계'impossible but a possible world를 지향한다는 점에서 일란성 쌍둥이다. 예술가가 잠재된 가능태에 대한 탐구자라면, 과학자는 그 가능태를 현실태로 도달하고자 노력하는 항해사라고 비유할 수 있겠다. 물론 예술과 과학이 건너다보니 절간 식으로 쉽게 도달하는 길은 아니다. 하지만 적어도 사랑하는 마음이 간절하다면 그것을 이룩하기 위한 상상력은 이미 날개를 단 거나 다름없다. 문제는 문과적 상상력인 예술이냐 이과적 상상력인

과학이냐 방향만 다를 따름이다.

물질과 정신의 풍요로움을 제공하는 과학과 예술의 출발이 사랑과 상상력에 있다는 것은 우리 모두가 과학과 예술을 만들어내는 주체가 될 수 있음을 뜻한다. 현실에 속박되거나 오이디푸스처럼 앞뒤를 분간하지 못하고 욱하는 화르르한 성격 등이 인간 가슴속에 담겨진 소중한 사랑을 어둡게 감춘다.

인간이 신적인 경지에 오를 수 있다면 그건 아마도 ‘사랑’이 있기 때문일 것이다. 그러므로 우리가 스스로 지니고 있는 ‘신적인 것’을 돋우어봄이 어떨까. 아직 만나지 못한 사랑하는 사람을 꿈꾸면 엔돌핀이 팍팍 도는 이유는 우리 몸에 사랑이라는 정서가 돌면서 임에 대한 상상력이 작용하고 있기 때문이다. 사물이든 관념이든 사람이든 대상이 무엇이든 간에 우리가 깊이 사랑하게 된다면 이미 우리 몸은 이전에 없었던 생기가 돌아 활력을 느낄 수 있을 것이다. 이 얼마나 밑천 없이 수지맞는 일인가. 조안 롤링이 결혼에 실패하고 불우했던 시절을 극복했던 큰 힘은 ‘사랑’ 말고는 다른 밑천이 없었다. 그럼에도 그는 큰손이 되지 않았던가.

살아 있는 문화공간을 찾아서

무엇을 찾는다는 건 결핍을 느끼기 때문이다. 원시인간은 추위와 어둠, 다른 종種들로부터 자신을 지키기 위해 불을 찾아 나섰다. 인류는 불을 발견함에 따라 추위, 어둠, 짐승들의 공포에서 벗어남은 말할 것도 없고 이성의 불도 밝아지게 되었다. 불의 발견으로 인류는 '문화적 인간'Homo cultura이 된 셈이다. 부싯돌에서 고등 핵물리학으로 탄생한 불에 이르기까지 불의 발전사가 어찌 보면 인류문화의 그것이고 보면 불은 인간에게 대단한 의미를 갖는다. 바로 필요는 발명의 어머니라는 말이 실감나는 대목이다.

중앙집권제에서 지방자치로 바뀐 지도 십수 년이 지났다. 이에 따라 지역마다 체육장, 공연장, 박물관, 공원 등이 표 나게 만들어지면서 주민들의 삶을 덥게 하였다. 지역의 각종 문화예술과 체련시설은 그간 중앙 위주의 공연과 스포츠 행사에서 벗어나 문화의 민주화를 이룩했다. 또한 문화예술과 스포츠가 활성화되는 계기가 된 것도 사실이다. 이러한 시설들을 갖추기 위해 적지 않은 돈이 들어가겠지만 지역민들에게 실질적인 도움을 준다는 점에서 고무적인 일이 아닐 수 없다.

하지만 그 그늘도 자못 짙은 게 사실이다. 특히 대형 공연장은 일 년에 몇 차례 공연에 불과하고 그 나머지는 대체적으로 침묵의 공간, 외관만이 존재하는 죽은 공간이 되기 일쑤다. 물론 일 년 내내 공연장을 풀가동할 공연프로그램을 생산할 수 없는 지역문화의 현실을 외면하고 하는 말은 아니다. 그러나 일 년에 몇 차례의 공연을 하기 위해서 막대한 돈을 들여 대형 공연장을 만든 처사는 아무래도 개운치가 않다.

문제는 지역마다 문화공간이 있어서 불만인 게 아니라 그것을 효과적으로 활용할 수 있는 지속적인 문화마인드의 실종이 아쉬운 것이다. 가령, 월드컵 경기를 앞두고 전국적으로 10개 도시에서 나름대로 지역색에 맞는 걸출한 경기장을 만들어 놓았다. 그리고 성공적으로 월드컵 경기를 치러냈다. 그러나 그 후 월드컵 경기장은 해당 시의 애물단지가 되어 버렸다. 막대한 예산을 들여 경기장을 신축하고 이를 관리하기 위해 또 적지 않은 예산을 쏟아 붓고 있지만 경기장을 수익원천으로 삼을 수 있는 마땅한 소프트웨어가 현실적으로 없기 때문이다. 우리에게 해묵은 과제로 남은 것은 프리 월드컵과 시즌 월드컵의 문제점이 아니라, 바로 포스트 월드컵이다. 지역에 산재해 있는 대형문화공간도 사정은 다르지 않은 듯하다. 지역소재의 문화예술 컨텐츠를 육성해서 몇 번 공연하고 나면 그것으로 지역의 문화공간은 좀 심하게 말하면 종친 거나 다름없다.

이제 우리가 챙겨야 할 점은 문화공간을 몇 개 확보하고 있다는 물량적 우월성보다는 그 공간을 참신하게 활용하면서 연중 부가가치를 높일 수 있는 방안이 무엇인가를 고민하는 일이다. 문화공간을 채울 수 있는 다양한 컨텐츠를 어떻게 발굴하고 유치해 공간을 유지해 나갈 것인지, 바로 포스트 문화공간의 문제이다. 그것은 공간과 예술에 대한 경영 마인드, 나아가 지역민의 문화를 생산하고 유통하고 소비하는 문화경영이어야 한다는 인식을 가질 때 가능한 일이다. 당연한 말이지만 문화공간은 삶의 질을 높이는 데 기여하면서 새로운 활력을 찾을 수 있는 정보의 공간이자 생산의 공간이어야 한다. 또한 발견과 성취의 다중적인 의미를 취할 수 있는 도서관과 같은 생활의 장이 되어야 한다. 이런 인식이 형성될 때 비로소 살아 있는 공간이 될 것이다. 그 옛날 불을 찾아 나섰듯이 이제는 문화공간을 발견해야 하지 않을까.

세상이 닮고 싶은 프로그램

서울역, 수많은 떠남과 만남이 이루어지는 곳에 난데없는 소리가
터져 나왔다. 한쪽 귀퉁이서 두 사람이 멱살잡이를 벌이고 있지 않
는가. 후줄근한 외모, 오랫동안 씻지 않은 듯한 얼굴, 한눈에 봐도
노숙자였다. 그들은 점점 더 강한 기세로 소란을 피워대기 시작했
다. 사람들은 의아심 반 안타까움 반으로 슬몃슬몃 모여들었다. 멀
찍이 떨어져서 이들의 모습을 지켜보는 사람들도 있었다. 서로 드잡
이를 하면서 뒹군 채 엎어졌다 넘어졌다 한다. 일이 돌아가는 형편
이 자못 심각했다. 하지만 그 누구도 나서서 이들을 만류하는 사람
이 없었다. 그때 군중 속에서 보무도 당당히 걸어 나오는 사람이
있었다.

하얀 목티에 파란 청바지를 입은 젊은 사내였다. 그는 두 사람이

뒤엉켜 있는 몸을 풀려고 안간힘을 썼다. 그 와중에 젊은 사내의 신발이 벗겨져 나갔다. 엄지발가락이 비죽이 솟은 구멍 난 양말이 눈에 들어왔다. 청바지는 그런 줄도 모르고 이들을 말리며 말한다. "왜들 그러세요. 이 더운 날, 왜 싸우세요. 무슨 일인지 말씀해 주시면 제가 해결해 드릴께요. 부탁입니다. 손 좀 놓으세요." 뒤엉킨 몸들이 누운 채 그를 꼬나보듯 하더니 자리에서 실실 일어나기 시작했다. 그리곤 청바지가 주는 물병을 받아 마셨다. 한 노숙자가 천 원짜리 지폐를 줍자 옆에 있던 다른 노숙자가 자신이 먼저 발견했으니 자기 것이라고 우기는 바람에 싸움이 시작되었다는 거였다. 젊은 사내는 웃으면서 뒷주머니에서 천 원짜리 지폐를 꺼내 한 노숙자에게 준다. "이 천 원짜리는 아저씨가 가졌으니 아저씨꺼가 된 거구, 아저씨는 손에 천 원짜리가 없으니까 여기다 놓으면 되네요?" 젊은 사내는 한 노숙자의 손을 잡고 자신의 천 원짜리 지폐를 올려 놓았다. 두 노숙자는 멍하니 젊은 사내를 쳐다보고는 실실 자리를 떠났다. 이를 구경하던 사람들이 와아 하면서 일제히 박수를 쳤다. 그는 머쓱한 얼굴 표정을 지으며 군중 속으로 들어갔다.

<TV 동화, 행복한 세상>은 이 같은 표정을 닮았다. 이는 만들어진 이야기가 아니라 지금 여기 우리 삶의 둘레에서 얼마든지 볼 수 있는 반짝반짝하고 따뜻한 온기가 스며 있는 삶 속의 동화다. 구멍 난 양말의 맑은 얼굴처럼 따스한 온기가 밴 손길처럼 시청자에게

전달되는 프로그램이라서 좋다. 사실 동화가 꼭 어린이들만의 전유물은 아니다. 세상과 자아가 닮았다는 생각이 동화의 정신일 테니까. 구름 밖의 먼 이야기가 아닌, 우리 주변의 가족과 이웃의 이야기가 5분의 영상을 통해 긴 감동과 여운을 준다. 엷은 파스텔톤 애니메이션 영상, 결코 소란스럽지 않은 잔잔한 움직임이 감동의 문양을 보탠다. 여기에 차분하면서도 정감 있는 나레이터의 목소리가 포개져 시청자의 내면을 치는 감동의 파고는 크다.

진하지도 화려하지도 않지만 이웃들의 수수한 삶의 이야기가 가을 소풍날의 하늘빛을 닮았다. 그래서 파스텔톤인가? 대립과 긴장의 서사적 세계, 갈등과 싸움의 이 연극적 세계에서 이 프로그램은 나와 세상이 동일화되는 서정의 세계를 보여준다. 이야기가 있는 영상시라고나 할까? 그래서 그 어느 프로그램보다도 시청자의 마음을 편하게 해준다. 이 프로그램은 긴장이 없다. 설령 긴장이 있어도 그건 아름다운 긴장일 뿐이다. 구멍 난 양말의 청바지에게 박수를 보내듯 이야기가 있는 영상시에 시청자들이 온기가 밴 박수를 보낸다.

연극, 뮤지컬, 책, 비디오 등 확대가족을 거느리고 있는 이유는 이 프로그램이 보여주는 '푸른 세계'를 가슴에 들여놓기 위해서, 그리고 동일성의 미학을 경험할 수 있기 때문일 것이다.

책이 변하고 있다

『종의 기원』을 쓴 찰스 다윈은 모든 종種의 진화는 환경의 변화에 따라 이루어진다고 한다. 사회문화적 환경의 변화에 책 역시 진화하고 있다. 문자 기록이 있기 전에 책이라는 개념은 없었다. 말에서 말로 전해지는 구술내용이 책이라면 책이었다. 그러다가 문자가 만들어지면서 문자기술능력을 가진 자에 의해 구술된 내용이 문자로 기록되어 이른바 필사본이 탄생되었다. 그 후 인쇄술이 발명됨에 따라 구술은 활자화되어 비로소 책이 되었다. 14세기 후반인 1377년 세계 최초로 우리의 『직지심체요절』이 인쇄되고 그 후 구텐베르크 성경이 15세기 중반에 만들어지면서 인쇄매체를 통한 문자책은 오륙백 년 이상 지속되어 왔다.

인쇄문화의 꽃인 책의 탄생으로 인류의 인지능력은 폭발적으로 자라게 되었고 문화발달을 꾀하는 동력이 되었다. 구술에서 인쇄로 책의 모습이 변하더니 이제는 영상으로 책의 개념이 변하고 있다.

오늘날을 e-시대라 한다. e-시대는 컴퓨터가 전자 시대를 주도하고 있다. 컴퓨터 스크린에 떠오르는 소위 전자책e-book이 인쇄책을 대체하면서 새로운 형태의 책이 등장하게 된 것이다. 일전에 필자가 책을 출간함에 앞서 출판계약을 하는 데 전자책까지 포함되어 있었다. 도서관에서도 전자책으로 독서하는 것은 보편적인 현상이 되었다. 이제 전자책의 일반화는 e-시대에 어쩔 수 없는 사실이 되었다.

전자 시대가 열리면서 미국의 에이플러스 출판사는 오디오 책을 만든 적이 있었다. 이 출판사는 '책은 길고 인생은 짧다'는 모토 아래 책 읽는 시간이 부족한 바쁜 현대인을 위해 책의 내용을 녹음한 오디오 책을 제작, 판매한 것이다. 소설을 드라마화하여 극적으로 제시하고 작품 이해에 도움이 되는 참고자료까지 제공하는가 하면 심지어는 시험 출제용 문제까지 수록했다. 독서가 읽는 방식에서 듣는 행위로 변한 것이다. 그 후 책은 CD 롬이나 컴퓨터 디스켓으로 전환되면서 컴퓨터 스크린을 통한 영상책이 등장하였다. 우리나라는 주로 교육용 자료가 이 형태의 책으로 보급, 활용되고 있다.

전자책은 1998년 미국에서 처음으로 제작·판매하기 시작하면서

21세기의 주력한 책의 형태로 자리잡아 가고 있다. 전자책은 출판사의 자료를 검색한 후 원하는 책을 다운로드할 수 있는 기계 형태의 책이다. 이제 우리나라도 앞서 필자의 경우를 보았듯이 출판사에서 전자책 출판을 본격화하고 있다.

통신문학, 컴퓨터문학, 사이버문학, 인터넷문학, 전자문학, 디지털문학, 미래의 문학, 21C 문학 등 컴퓨터로 작성되는 모든 글들이 전자책의 일반화에 따라 기존의 문학과 독서 개념을 변화시키고 있다. 책이 진화하듯 문학도 진화하고 있다는 증거다. 처음, 중간, 끝의 직선적인 글쓰기나 글읽기의 전통적인 방식이 아니라 비선형 혹은 다선형적인 쓰기와 읽기가 전자 시대의 문학과 독서의 형태가 되고 있다. 온라인 하이퍼텍스트의 등장이 e-시대의 책과 문학의 존재를 새롭게 변화시키고 있는 것이다.

뮤지컬의 운명

영국과 미국을 중심으로 뮤지컬이 흥행을 거듭하자 이제 세계 연극은 뮤지컬 쪽으로 선회를 하는 듯하다. 1000억 이상의 초대형급 뮤지컬이 제작되는가 하면 자잘한 군소연극단체마저도 뮤지컬 제작에 끼어들고 있는 추세다. 가히 뮤지컬의 시대라 할 만하다.

음악가 바그너는 가장 이상적인 예술로 음악극을 꼽았다. 음악과 연극의 만남은 사실 예술 가운데서도 고급예술에 든다. 극 내용의 중요한 매개수단인 대사가 음악으로 처리되기 위해서는 압축적이고 리드미컬해야 한다. 이렇게 될 때 대사는 상징과 리듬 형식을 취할 수밖에 없다. 다시 말해 연극의 대사는 감정이나 상황을 표출하는 단순한 진술형이 아니라 고도로 정제된 형식을 띠게 된다. 따라서 지시나 지령적인 언어가 시적인 언어로 전환되기 위해서는 언어처리능력이 탁월해야 한다.

문학이론가인 르네 웰렉은 시를 단적으로 은유와 리듬으로 규정한다. 연극의 음악화란 결국 대사가 시의 형식으로 고양된다는 의미다. 그런데 고양된 시의 언어가 따로 있는 게 아니라 대상을 바라보는 주체의 감정이 고양되었을 때 이를 매개하는 언어가 고양되는 것이다. 이로 본다면 뮤지컬은 감정의 깊은 골과 마루를 높낮이로 타는 리듬적인 연극이다. 그러면서 장면의 적재적소에서 고양된 감정과 언어를 음악적으로 처리하는 장르라고 할 수 있다. 진술적인 대사가 아닌, 고양된 대사의 소리화는 뮤지컬의 기본 중에 기본이다.

그런데 우리의 경우, 뮤지컬은 진술적인 대사에 음표를 붙여 음악으로 만든 경우가 많다. 그러나 연극대사에 단순히 곡조를 실어 음악으로 처리한다고 해서 뮤지컬이 되는 것은 아니다. 뮤지컬은 궁극적으로는 연극이지만 뮤지컬을 뮤지컬답게 만드는 것은 음악이다. 그래서 뮤지컬은 연극적 줄거리가 있는 음악이지 음악의 연극이 아니다. 그런데도 양산되고 있는 작금의 우리 뮤지컬은 연극의 바탕에 음악을 주조해서 무리한 틀을 만들어 내곤 한다. 억지가 지나치면 문화적인 죄악이다.

현재 우리 뮤지컬은 CJ엔터테인먼트와 몇몇 영화사 등 대형자본이

개입하면서 외견상으로는 호황인 것처럼 보인다. 하지만 질적인 면에서 보면 외국 라이선스 뮤지컬을 수입하는 경우가 잦고 그나마 국내 작품은 재탕하는 경우가 많다. 이미 앞서 달려가고 있는 외국의 대형 뮤지컬을 따라잡기 위해서 우리의 형편이 너무 힘에 부치기 때문이다.

막대한 자본을 확보하는 일부터 창작 뮤지컬의 주역이라 할 수 있는 전문 뮤지컬 작가와 배우, 스탭 등 인적 자원의 체계적인 관리 시스템이 턱없이 부족하다. 연극에서 영화로 영화에서 뮤지컬로 장르를 이동하며 흥행상품이 되었던 연극 <이>가 이번에는 뮤지컬로 만들어졌다. 제작규모가 타의 추종을 불허할 만큼 엄청나기에 적어도 외형상으로는 외국 뮤지컬에 비해 손색이 없다고는 하나, 한국 뮤지컬의 내적 상황을 따지고 보면 거품이 많다는 생각을 떨칠 수가 없다. 공연에 따라 이리저리 불러 다니는 인적 자원부터 뮤지컬의 내적 논리의 충실도에 이르기까지 해결해야 할 난제들이 산적되어 있기 때문이다.

감성을 흔드는 음악과 이성적 성찰을 끌어내는 탄탄한 극적 구조만이 감동의 아우라를 발산할 수 있다. 명품 뮤지컬을 만들기 위해서는 재탕이나 수입의존이 아니라 새로운 뮤지컬 컨텐츠를 발굴하고 인적 자원의 체계적인 관리가 필요하다. 결국은 뮤지컬 인프라의 구축이다. 거품현상에 흥분하지 말고 이 본질적인 실천적 목소리에 귀를 열어야 할 것이다.

해의 아침 혹은 달의 아침

　　지난 주가 음력으로 새해를 시작하는 설날이었다. 양력으로는 이미 달포가 지났지만 우리 민족은 음력 정월 초하루인 설날을 한 해의 진정한 시작으로 여겼다. 그래서 설날은 한 해의 아침날이요 달의 주기로도 아침날이다. 우주순환이 한 바퀴 이루어져 원점에 이른 원단(元旦). 과거에는 '구정'이니 '민속의 날'이니 해서 설날을 왜곡시켜 부른 적도 있었다. 그러나 설날은 설날이다. 우리 민족에게는 이 날이 한 해의 진정한 출발점이다. 설이라는 말이 '新'이나 '東'이라는 의미를 지닌 건 새로운 한 해의 시작이요 이 시작을 알리는 해가 동쪽에서 떠오르기 때문이다.

　　아놀드 반 게넵은 우주적인 이행 과정인 계절의 주기가 사회적인 이행 과정인 세대교차와 연관성이 분명히 있음을 확신하였다. 겨울에서 봄으로의 이동은 다른 계절의 변화보다도 그 성격이 가장 심하고 뚜렷하기에 인간의 심리에 미치는 영향도 크다. 설날은 계절이 이동하는 길목에서 겨울의 에토스가 봄으로 바뀌는 열린 시간이다. 설은 '東'이라는 뜻과 동의어다. '東'의 순우리말 '새'는 날이 터오는 밝음을 의미하기 때문이다.

그래서 설날은 거룩하고 신성한 날이다. 말과 뜻과 몸을 함부로 부리지 않고 남에게 해를 주는 일은 삼가는 날이다. 한 해를 아름답게 열어가라고 덕담을 나누기도 하며 한편으로는 조용히 자신의 안으로 침잠하는 시간이기도 하다. 따라서 설날은 바깥으로 에너지를 분출하는 축제의 날이기보다는 한 해의 삶을 계획하고 준비하는 성찰의 날이다. 묵은 것들을 반성하고 새로운 삶의 문양을 짜내기 위해서는 밤잠을 제대로 이룰 수 없다. 섣달 그믐날 잠을 자면 눈썹이 하얗게 된다는 말은 바로 이러한 교훈을 심어 주기 위해 만들어진 속담이다. 흔히 일년지계는 정월에 있다는 말은 이를 의미한다. 이날은 둥기둥당당 북소리 울려가며 노는 '몸의 날'이 아니라 반성과 각오를 반듯하게 세우는 '마음의 날'이다.

까치, 때때옷, 세뱃돈, 덕담, 떡국…… 설날 하면 떠오르는 정겨운 말들이다. 멀리 떨어졌던 동기들을 만나고 부모형제가 모여서 떡국을 나누어 먹으면서 마음들을 비벼대며 일상 속에서 잊었던 존재의 터를 확인한다. 세상이라는 우주에 흩어져 세사에 시달려 희미하게 빛을 잃을지라도 가족공동체끼리 모여 음식을 함께 먹으면서 말과 술잔과 마음들을 나누며 자생의 에너지를 길러내는 날이기도 하다. 또한 부모와 친지 어른을 찾아 잊혀진 마음의 근본을 회복하는 날이기도 하다. 그러니 설날의 만남과 헤어짐은 가족공동체 간에 생활의 활력을 위한 행위들이다.

이런 의미에서 설날은 일상을 실답게 꾸려 가기 위해 마련된 메타적 성격을 지닌 일상이라고 할 수 있다. 혼기가 다된 사람들에게는 사랑을 함께 할 아리아의 짝을 위해, 사업가는 사업 번창을 위해, 몸이 부실한 사람들은 건강을 위해…… 나름대로의 소망 한 가지씩을 가슴에 품고 소망성취를 위해 자신을 낮추고 탈일상의 일상을 보내는 날이 바로 설이다.

아침의 술이 하루의 근심이요 맞지 않는 갓신이 일 년의 근심이요 성질머리 나쁜 마누라는 평생의 근심이라 했다. 세상 근심 한가운데 '나'가 있다. 그러니 그것을 깨트리는 것도 바로 '나'다. 설날 아침날 저 밝은 햇무리가 이마를 젖게 한다.

옛날을 불러내 내일을 여는 책

『입에 익은 우리 익은 말』(김준영, 학고재, 2007, 471면)이라는 따끈따끈한 책이 얼마 전에 출간되었다. 저자는 고전문학을 전공한 학자로 30년 넘도록 대학에서 연구와 교육에 애오라지 삶의 길을 열어온 인물이다. 특히 신라의 노래인 향가에 대한 정밀한 그의 해독은 국문학사에서 정평이 나 있다. 그만큼 저자는 주밀하고 성실한 학문연구로 후학들에게 사표가 되었던 학자이다. 또한 구순을 바라보는 나이임에도 저자는 매운 학문적 자세로 게으름을 용서치 않고 자신을 단호히 벼리는 어른이기도 하다.

마샬 맥루한에 의해 만들어진 지구촌이라는 용어는 이제 지극히 평범한 말이 되어버렸다. 기술정보 시대에 시간과 공간의 거리는 좁아져 지구 반대편에서 벌어지고 있는 축구경기를 실시간으로 안방에서 구경할 수 있는 시대가 되었다. 플라톤이 이데아 공화국을 꿈꾼 이래 모방을 통한 전진이라는 서구적인 발전모델로 개화한 테크노피아가 거대한 지구촌 공화국을 이루었다. 기술이 지배하는 테크노크래시, 기술이 지식과 결합하고 기술관료 제일주의를 주도하는 테크노크래트 사회. BT라는 생명공학, 심지어는 오락의 춤마저도 테크노댄스라 하여 유행한 적은 이미 오래되었다.

모든 게 테크노로 쏜살같이 빨려 들어가는 시대. 견고했던 모든 것들이 테크노라는 용어 속에 녹아버리는 사회다. 그리고 우리는 테크노가 제공하는 나른함에 젖어 유포리아에 빠져 있다. 그러나 테크노라는 말은 어쩐지 금속성의 이미지가 떠오른다. 무겁고 차가우며 경직되고 비자발적이어서 인공적인 인상을 준다. 어쩌면 우리 시대 삶의 모습들이 아닌지.

말을 풀어내 옛날을 불러내는 이 책은 이러한 시대에 태어났기에 그만큼 소중하고 가치가 있다. 익은 말이라는 표제가 말해주듯 언어는 오랜 생활경험에서 온축된 사실들을 표백한다. 우리시대에 익은 말은 낯선 손님처럼 어색하게 느낄 수도 있고 이해하기에 어려운 말로 간주될 수도 있다. 하지만 민족은 언어공동체이자 운명공동체다. 오랜 사회문화적인 환경을 공유하면서 태어난 게 생활언어이다. 익은 말은 바로 이 점에서 우리들의 앞선 시대에 살아왔던 생활문화를 반영한 거울이다. 따라서 익은 말을 들여다보면 삶의 길이 열리게 된다.

이 책을 보면 익은 말들은 실재적이거나 설화적이거나 나름대로 배경이 있다. 쉽게 말하면 익은 말은 어떤 구실에 의해서 탄생된다. 구실은 살아가면서 발생하는 이러저러한 사연들, 삶의 모습 그 자체가 아니던가. 이런 점에서 이 책을 읽고 있노라면 삶의 오솔길을 걷는 느낌이 든다. 옛적을 기억해 내는 길. 예스러운 삶의 풍경들을 고스란히 경험할 수 있는 타임캡슐에 타고 있는 듯하다. 그래서 익은 말들을 광 속에 한아름 채운 이 한 권의 책은 단순히 말광(사전) 이상의 의미가 있다.

역사는 기억과 기록으로 그 문양이 짜인다. 소소한 삶의 모습이 역사라는 거대한 그물을 이룬다면 지금 우리의 말과 삶은 과연 얼마나 정감 있게 후대의 독자들에게 이 시대의 문양을 보여줄까? 생각해보니 갑자기 궁색해진다. 옛것을 통해 새로움을 얻는 법고창신의 정신. 따뜻한 미래를 열 해법을 이 고전적인 정신에서 찾을 수 있다면, 이 책은 과거를 담고 있지만 내일을 안내하는 오래된 미래다.

UCC 문화

미래학자 자크 아탈리가 말했듯이, 우리는 신유목사회에 살고 있다. 과거에는 강이나 숲을 찾아 사냥과 채집을 했다. 하지만 지금은 인터넷이라는 거대한 세계 속에서 정보를 찾아 일용할 먹을거리를 캐낸다. 예나 지금이나 먹을거리를 찾아 이리저리 흘러 다니기는 마찬가지다. 몸을 부려 짐을 들고 다녔던 과거와는 달리 지금은 안락한 의자에 앉아 무궁한 정보의 바다를 유영하면서 정보를 캐고 지식을 흡수한다. 그리고 그 임무를 수행하는 일등 공신이 인터넷망과 쥐(마우스)다. 손에 쥐가 날 정도로 마우스를 부여잡고 날마다 쥐와 씨름을 하면서 현대인들은 인터넷 바다에서 공룡을 만나고 있다.

인터넷의 막강한 힘을 선거에 이용하기 위해 얼마 전 야당 대선 후보자들이 UCC 동영상 개인채널 번호를 배당받은 적이 있었다.

개인채널은 이용자 스스로나 다른 사람이 제작한 동영상을 이용해 개인방송처럼 콘텐츠를 방영하는 시스템이다. 방송과 통신의 절묘한 결합인 셈이다. UCC라는 말은 온라인상의 사용자가 제작한 컨텐츠 User Created Contents를 의미한다. 말하자면 인터넷 사용자가 손수 제작한 영상을 비롯한 모든 내용물들이다. 작게는 인터넷 게시판 댓글에서부터 그림, 사진, 동영상 등이 포함된다. 방송이나 언론사가 아닌 일반인들도 휴대전화나 디지털 카메라로 얼마든지 이러한 동영상물을 제작할 수 있는 시대가 되었다.

이제 동영상 UCC는 지상파, 케이블 방송 등으로 활동반경을 넓혀 가고 있는 추세다. 이런 현상에 따라 UCC는 정보나 사회적 경향에 대한 나름대로의 판단가치를 서로 공유하고 소통하는 미디어로 부상하고 있다. 표현욕구를 충족하고 사회적 현상에 대한 의사소통이라는 점에서 UCC 문화는 자발적인 문화이면서 창조적인 현상이라고 할 수 있다. 또한 생산과 소비가 함께 어깨동무하는 프로슈머의 시대를 고스란히 반영하는 디지털 사회의 대표적인 의사표현 방식으로 구축된 듯한 느낌도 든다.

하지만 이러한 긍정적인 시각보다는 우려하는 목소리도 적지 않다. 우선 UCC 문화가 사회적 현상이긴 하지만 지나치게 특정 현상에 치우쳐 열광하는 점을 꼽을 수 있다. 젊은 연예인들의 자살에 대해 검은 언어를 쏟아내는 게 그렇고 정확한 가치판단의 기준이 아니라 자기들 스스로의 감정이나 기호에 따라 상대방을 비방하고 헐뜯는 경우가 있기도 하다. UCC 문화의 이런 부정적인 측면의 정점에는 저작권 침해 문제가 도사리고 있다. 그리 오래 되지 않았던 일이다. P2P나 MP3 파일을 불법 복제 공유해 음악시장이 붕괴되었던 일을 떠올리면 사태의 심각성을 예측할 수 있다.

물론 문화관광부에서는 UCC 저작권 보호와 활성화 방안을 마련 중이라고는 한다. UCC 문화의 네거티브한 점에 저작권 문제가 얹혀 사회적 악이 되지 않기 위해서는 우선 사용자가 건강한 윤리의식을 가져야 한다. 아울러 이를 관리하는 정부 부서도 문제발생 요인을 사전에 치밀하게 점검해서 효율적인 대안책을 강구해야 할 것이다. 창조적인 인터넷 문화를 열어갈 바람직한 방향이 무엇인지 고민하는 일은 인터넷 개인 사용자와 개인의 삶을 창조적으로 유도해야 하는 정부가 함께 해야 한다. 그래야만 뽕나무 밭이 바다가 되는 시점이 갈수록 빨라지는 이 시대를 건강하게 영위할 수 있을 것이다.

현대판 사자성어四字成語

과거에는 천자문이나 소학을 네 글자씩 묶어 공부했다. 기억의 편리를 위해 만들어진 네 글자 한 토막으로 된 단어가 바로 사자성어다. 일반적으로 4는 죽음을 떠올려 기피하는 숫자다. 건물 층수에서 4층은 영어 four의 이니셜을 따와 F로 표기한다. 4를 꺼려하는 건 일본이나 중국도 마찬가지다. 발음이 죽음을 뜻하는 '死'와 비슷하기 때문이다.

그러나 4는 불길한 숫자만은 아니다. 인생의 단계를 유년기, 청년기, 장년기, 노년기로 나누고 생로병사로 인생의 과정을 풀이한다. 계절의 춘하추동과 하루의 아침, 점심, 저녁, 밤, 우주의 지수화풍地水火風, 식물의 근묘화실根苗花實과 생장소멸, 우주의 주기를 원형이정의 네 단계로 나누는 것만 보아도 필시 4는 범상한 숫자가 아니라는 생각이 든다. 또한 인간의 자기완성을 향해 진행되었던 비극의 구조가 도입부, 전개부, 절정부, 하강부 등 네 단계로 구성되는 것도 숫자적 의미에서 주목하게 한다. 탄생과 성장, 병고와 죽음의 과정을 거치는 휴먼 사이클Human Cycle이 4막의 드라마 구조로 이루어졌다는 사실은 우주와 대자연의 흐름 속에서 인간의 삶이 전개된다는 점을 말한다. 결국 4막 구조의 연극은 삶의 중요한 전환기를 매듭 삼아 이를 풀어가는 과정을 다룬 장르라 할 수 있다. 따라서 4는 우주적 기호이자 삶의 마디를 맺고 푸는 통과제의적 의미를 지닌다 할 수 있다. 그런가 하면 수백 년 이상 존속되어 국민문학으로 자리매김된 시조문학도 이 4라는 숫자와 긴밀한 관계가 있다.

> 이 몸이 죽고죽고 일백번 고쳐죽어
> 백골이 진토되어 넋이라도 있고 없고
> 임 향한 일편단심이야 가실 줄이 있으랴

보는 바와 같이 시조는 3,4조 혹은 4,4조로 네 토막의 정형화된 형식을 취한다. 글자 수와 문장의 마디가 4를 기본으로 삼는다는 점에서 시조는 4로써 언어형식화가 이루어진 결정적인 장르이다. 이로 보면 4는 리듬적 특징 이상의 의미를 머금고 있음을 알 수 있다. 한때 유행한 적이 있었던 '인류를 아름답게, 사회를 아름답게'라는 광고 문구 역시 광고의 메시지를 도드라지게 하기 위해 3,4조 가락의 네 토막 형식인 시조 장르에 기대고 있다.

네 글자를 한 단위로 묶어 암기에 편리하도록 고안된 사자성어가 지금은 술 마시는 자리에서 무성하게 터져 나온다. 함께 하는 술자리에서 사람들의 대화가 모두 네 글자로 이루어지는 새로운 음주문화가 출현한 것이다. 가령, ‘빨리 마셔’, ‘그러자구’, ‘너 뭐하니?’, ‘안주 먹지’ 등 모든 대화가 네 글자로 표현되는 약속된 언어놀이다. 엄숙한 서당 분위기에서나 경험할 수 있는 사자성어가 술판으로 이사를 한 것이다. 네 글자로 맞추어 대화를 계속하기 위해서는 말하는 사람이 긴장할 수밖에 없다. 또한 술판의 수다스런 말들을 네 글자로 압축해야 하기 때문에 표현하고자 하는 핵심적인 메시지만 소리화해서 일체의 감정을 제거한다. 단순함을 선호하는 우리 시대의 생리가 반영된 듯도 싶고 선후배 간의 대화 격식을 파괴해서 연장자를 은근히 골탕 먹이는 하극상의 논리가 깔려 있는 것 같기도 하다.

어찌되었든, 사자성어가 ‘죽은 글’에서 다시 부활한 건 환영할 만하다. 그러나 네 글자의 소통은 말을 짜내는 재미와 풀어질 수 있는 술판의 분위기에 긴장을 조성하는 긍정적인 면도 있겠지만 대상에 대한 최소한의 예의와 격식이 깨질 우려도 있다. 현대판 사자성어가 술자리에서 돌아다니는 건 이러한 이유 때문인지 모를 일이다.

봄과 희극정신

춘삼월 호시절이라는 말이 있다. 따뜻한 봄 햇살 아래 일제히 꽃은 폭발하고 풀과 나무는 생기를 온몸에 두른다. 사방팔방에 눈짓을 주어 화사한 봄날의 경치를 담아두기에 분주하다. 그래서 봄은 시각의 계절이다.

소쩍새는
밤 이슥토록 울고
조롱조롱 금낭화
붉은 꽃잎이 짙다

너비바위 틈에 피어난
개미딸기
오종종오종종
노란 꽃잎이 여리다

하늘 높이 뜬
솔개 눈씨에
참새도 오목눈이도
찔레넝쿨 사이로 숨는다

하느님이
수염에 묻은 황사를 턴다
붕어들이 알 낳느라
몸을 떨며 피 흘린다

오탁번 시인은 이처럼 봄을 노래하였다. 소쩍새에서 금낭화까지, 개미딸기에서 솔개, 참새까지 심지어는 물 속 붕어조차 생명을 일궈 내기에 부산하다.

삼월은 생명이 약동하는 봄의 절정이다. 동국세시기나 열양세시기를 보면 봄놀이 가운데 삼월의 화류놀이가 일품이라고 소개하고 있다. 남산이나 북악산으로 꽃과 버들을 보러 가는 사람들이 무리를 이룬다고 한다. 그러나 봄이 만들어내는 건 꽃과 버들의 생기만은 아닐 것이다. 지상에 존재하는 모든 것들이 봄의 계절에 일제히 생명의 기지개를 켜기 때문이다.

노스롭 프라이의 장르이론에 따르면 계절에 따라 문학예술의 장르가 탄생되었다고 한다. 인간은 계절이라는 환경 속에서 삶을 영위하기 때문에 계절적 상상력이 문학예술의 스타일을 만들어낸다는 말이다. 그에 따라 봄은 만물이 약동하고 생명정신이 충만한 시절이라 희극이 만들어졌다는 것이다.

수잔 랭거는 프라이의 이론에서 한 수 더 뜬다. 그녀는 충일한 생명의지를 희극의 정신으로 간주한다. 낡은 것을 뚫고 생명을 유지하기 위해 온갖 힘을 다하는 그 의지, 바로 이것이 희극의 정신이라는 것이다. 그럼에도 불구하고 솟구치는 생명력으로 자기완성을 다하려는 생명은 시간이 지남에 따라 어쩔 수 없이 낡아질 수밖에 없다. 그리고 그 낡은 것 속에서 새것이 등장하게 된다. 낡은 것과 새것은 요샛말로 하면 밀고 당기는 파워 게임을 하다가 낡은 것은 소멸하고 만다. 이것이 그 유명한 야스퍼스의 비극론이다. 수잔 랭거의 희극론은 야스퍼스의 비극론을 온전히 뒤집어서 성찰한 결과임을 어렵지 않게 알 수 있다.

이로 보면 희극이란 '보통 이하'의 인물들에 의해 만들어지는 우스꽝스러운 말이나 몸짓으로 탄생되는 게 아니다. 저마나 타고난 생명의 힘을 온전히 다하려는 그 가열한 정신, 이것이 보는 이로 하여금 즐거움을 준다. 기쁨과 즐거움, 웃음과 환희가 희극의 정수라고 한다면 봄은 확실히 희극을 닮은 계절이다.

　환경파괴의 결과, 계절은 기형적인 모습으로 우리에게 오고 있다.
어찌 보면, 겨울과 여름 사이에 혹은 가을과 여름 사이에 봄은 그
림자만 떨어뜨리고 여름으로 내달릴지도 모른다. 아니 이미 우리는
그 경험 속에 묻혀 있는지도 모른다. 그래서 생명이 솟구치는 봄의
희극정신이 우리 인간에게 영원히 사라지고 검은 비극만이 오게 되
지 않을까 저어된다.

연극 <맥베드>

맥베드가 전주 무대에서 부활했다. 겨울의 거친 각질을 뚫고 땅심을 올리듯, 문학과 연극의 역사 속에 누워있던 맥베드가 소리치며 존재의 비극성을 관객에게 선보였다. 비록 관립연극단체이긴 해도 여러 여건상 지방무대가 함량이 나가는 작품을 제작한다는 게 사실 어려움이 많다. 그럼에도 불구하고 그간 전주시립극단은 전반기 정기공연으로 고전을 착실하게 다듬어 관객들에게 공연미학의 즐거움을 안겨주었다. <맥베드> 역시 그 프로젝트 가운데 하나로 공연된 작품이다.

흔히 셰익스피어의 4대 비극이라고 일컬어지는 작품들은 희랍비극과 궤를 달리한다. 희랍비극이 신과의 관계에서 발생하는 운명비극이라면, 셰익스피어 비극은 인간이 지니고 있는 성격적 결함에 의해 비극이 만들어진다. 희랍비극이 신탁에 의한 거스를 수 없는 인간의 운명에 초점을 두었다면, 셰익스피어는 비극의 원인을 인간에 내재된 성격적 결함에 두고 있다. 그런가 하면 현대에 이르러 비극의 양상은 환경에 의해 부서지는 자아와 존재의 문제에 초점을 두고 있다. 아서 밀러의 <세일즈맨의 죽음>에 나오는 윌리 로만처럼 철저하게 상황과 환경이 한 개인을 비극적인 생으로 밀어낸다. 이로 보면 비극은, 레이몽드 윌리엄즈가 말했듯이, 초역사적으로 항일하게 존재하는 게 아니라 시대에 따라 굴절되어 변화된다. 다시 말해 운명비극, 성격비극, 상황비극 등으로 비극의 개념은 역사의 흐름에 따라 변모되어 왔다. 이것이 비극의 역사이다.

맥베드는 권력에의 욕망으로 인해 파멸하는 인물이다. 그는 마녀의 꼬임과 아내의 강력한 권유로 인해 권력을 차지하기 위한 피비린내 나는 죽음의 향연을 벌인다. 하지만 그는 결국 '인생이 한낱 쓸쓸히 걸어가는 슬픈 그림자'임을 자각한다. 따라서 욕망이 커가는 과정은 맥베드가 이미 비극적 말로로 향하는 슬픈 행보에 다름 아니다. 그러나 맥베드는, 아니 우리 인간은 이같이 눈이 먼 채로 다가오는 슬픔의 그림자를 발견하지 못하고 아침 햇살의 이슬처럼 사라지게 되는 것이다. 자신의 욕망을 채우기 위해서 본성natura를 거스르는 이것이 비극을 잉태하는 씨앗이다.

셰익스피어 작품들은 부석부석하고 까칠한 인간과 삶을 통해 진정한 삶의 가치를 묻고 있다. 그의 질문에 대한 답변은 독자와 관객이 비밀한 미로 찾기를 통해서 찾아내야 한다. 또한 연극인들이 발견해서 동시대의 관객에게 제시해야 할 과제이기도 하다. 이러한 작업은 면밀한 텍스트 분석을 통해서 가능성 있는 기호들을 채집하고 재구성하는 일일 것이다. 왜 셰익스피어인가. 수많은 연극적 기호를 매설해 놓고 기호의 놀이를 즐기며 숨은 꽃들을 다채롭게 마련한 솜씨 좋은 정원사라는 점에서 주목되기 때문이다. 또한 자연, 우주, 인간을 꿰뚫어보는 날카로운 관찰의 눈빛으로 조각된 언어의 비범한 쓰임새는 셰익스피어를 영원한 문제작가로 자리매김하는 근거이기도 하다.

셰익스피어의 진수를 이번 공연에서 얼마나 멋지게 짜냈는가는 결국 관객이 헤아릴 일이다. 셰익스피어가 매설한 숨은 꽃들이 얼마나 피어나 향기를 뿜어냈는지는 관객의 기억과 반성에서 가능하기 때문이다.

멀티|multi의 현대를 생각하다

환경이 변하면 모든 종種은 바뀐다. 이는 『종의 기원』을 써 생명체에 대한 과학적 인식을 제공했던 찰스 다윈의 말이다. 세월이 흘러 변하지 않는 게 그 어디 있으랴. 우리가 흔히 귀금속이라고 하는 다이아몬드, 금, 은 등은 희소적인 의미도 있지만 비교적 더디게 시간이라는 때를 타기 때문에 가치가 있는 것이다. 세월의 주름에도 아랑곳하지 않고 변화에 늦장을 부리는 것들이 이른바 보석이나 귀금속이다. 그리고 그 변화의 더딘 속도에 비례해서 가치를 매긴다. 천년이라는 시간을 견뎌내며 고스란히 제 빛을 유지하고 있는 백제 고분의 금관에서 우리는 '금'의 소중한 존재성을 다시 발견하곤 하지 않던가.

문학 역시 시간이 흘러가면서 변화한다. 활자가 출현하지 않았던 시대에는 입으로 문학텍스트가 유포되었다. 이른바 구비문학이다. 그러다가 인쇄매체가 발달하면서 유동적이던 구비문학은 활자로 기록 정착된다. 기록문학 혹은 정착문학이 바통을 이은 것이다. 과학기술의 눈부신 진보에 의해 영상이 급속도로 확산되면서 이제 문학은 영상의 얼굴로 독자 혹은 시청자에게 다가왔다. 이로 보면 문학은 구비문학, 활자문학, 영상문학으로 존재의 얼굴을 바꾸면서 수용자에게 접촉되고 있음을 알 수 있다.

문학의 여왕이자 꽃이라고 하는 시가 이제는 멀티 포엠multi poem이라는 얼굴로 독자에게 다가서고 있다. 멀티라는 말은 '다중'이라는 의미를 지니고 있다. 시가 단순히 언어의 구조화된 표현이 아니라 그것을 바탕으로 삼되 시적 분위기를 뽑아내기 위해 음악과 영상을 끌어와 이른바 듣고 보며 읽는 시로 바뀌고 있다. 시를 읽으면서 아스라이 떠오르는 시적 환영이 독자의 망막과 지면 사이에서 어른거리는 감흥을 느꼈던 시절은 이제 낡은 추억이 되어버렸다. 시가 주는 메시지와 분위기를 음악과 애니메이션 영상이 장단을 맞춰 주기 때문에 독자는 한결 수월하게 시적 분위기에 빠져들게 되었다. 그리고 보면 앞으로 시인은 음악과 그림영상에 대해 어지간한 능력을 보유하는 자라야 가능할 듯도 싶다.

문학이 지면을 떠나 영상으로 멀티 포엠이 되는 이 시대는 참으로 '멀티'스러운 문화가 장악하고 있는 듯하다. 영화관이 멀티플렉스라는 이름으로 식당, 유흥점, 상품점 등으로 확장되고 휴대폰은 단순히 전화뿐 아니라 사진, 촬영, 녹음, 손전등, 스케줄 메모장, 음원으로 음악듣기, 편지 등 다양한 기능이 가능하게 되었다. 멀티 코드, 멀티 상품권, 멀티숍, 멀티 화술, 멀티 플레이어, 멀티 유즈 등 오늘날은 가히 멀티의 시대라 해도 과언이 아니다.

그러나 생각해 보면, 하나의 순기능이 아니라 다양한 기능을 복합시키는 이 융합의 원리는 사실 디지털 시대의 돌연한 산물만은 아니다. 가령, 시나위는 여러 악기가 하나의 주제를 향해서 연주되는 우리의 가락을 말한다. 시나위라는 용어 속에는 이미 멀티가 스며 있는 것이다. 따라서 다중의 현대사회는 디지털이라는 과학문명에 크게 의지하고 있지만 멀티라는 융합의 원리는 과거부터 이미 있어 왔던 오래된 미래였는지 모른다.

통섭이 지배적인 현 사회에서 우리 사람들마저 비슷한 유형끼리 합해져 파워 레인저처럼 되지는 않을까 혹은 멀티 인간이라는 신종 인류가 탄생할 수도 있지 않을까. 멀티의 시대에 멀티스러운 생각을 해보자니 그렇다.

DIY와 튜닝

　상호 충돌적인 개념인 개인과 집단의 관계는 오래전부터 사회학적인 문제였다. 개인의 욕망추구와 집단유지의 논리가 맞서는 곳에는 으레 전쟁과 권력 횡포를 낳았다. 그런가 하면 집단 체제를 공고히 하기 위하여 양산되는 지배이데올로기는 무수한 개인의 삶을 유린하는 원인이 되기도 하였다. 인간구원에 초점을 맞추는 문학과 예술은 개인과 집단의 이 불온한 관계를 주목하지 않으면 안 될 것이다. 그래서 세계문학, 예술사에서는 이런 비극적인 인간의 존재양태에 주목한 작품들은 수없이 많다. 개성과 개인을 억압하는 집단세력의 횡포. 집단논리에 함몰시키는 개인의 목소리…… 이러한 소재의 작품은 셀 수 없이 많다. 그리고 이 시대도 이러한 것들을 담론화한 예술은 여전히 만들어지고 있다. 개성과 개인이 중심지대에 있는 이 시대에도 말이다.

개성과 개인의 자유를 표현하는 방식에는 여러 가지가 있지만 DIY와 튜닝이라는 게 요즘 유행하고 있다. DIY는 'do it yourself'라는 뜻으로 작은 소품에서부터 가구나 주택에 이르기까지 생활에 필요한 물건들을 자신이 손수 만들어 쓰는 경우를 말한다. 한편 개조라는 의미의 튜닝은 모자나 신발, 옷, 가방 등 비교적 자잘한 생활용품을 개조해서 자신의 개성에 맞게 고쳐 사용하는 경우를 말한다. 어떤 방식이든 자신의 개성을 살려 자신만의 삶의 스타일을 만들어 간다는 점에서 개인주의의 한 모습이라고 할 수 있다.

근대란 주변세계로부터 자아의 각성이 일어났던 시점을 말한다. 이런 면에서 중세나 근대의 개념은 시간적 단위가 아닌 인식상의 차이다. 근대가 열린 이후, 문학과 예술은 개인의 문제에 관심을 갖게 된다. 근대극의 효시라고 하는 헨릭 입센의 <인형의 집>이 그렇고 조선 시대 연암 박지원의 소설 <허생전>의 주인공이 근대의식을 보이는 근대인을 초상하고 있다. 남성 위주의 억압적인 환경에서 과감히 자아를 찾기 위해 주먹을 불끈 쥔 '노라'나, 허위의 양반사회를 털어버리고 중상주의를 통해 부국을 지향하고자 했던 '허생'이야말로 어설픈 환경을 딛고 진정한 자아의 발견이 이루어진 근대시민이기 때문이다.

중세적 세계관에서 벗어나 개인의 '눈뜸'은 이제 삶의 주체로서의 정신적 발견뿐만이 아니라 물질적 사용에 있어서도 일어났다. 이런 현상의 대표적인 경우가 앞서 든 사례라 할 수 있다. 오늘날 튜닝이나 DIY를 단순히 사회적 유행으로만 볼 수도 있다. 하지만 이런 현상 배후에는 스스로가 삶을 만들어 나가겠다는 개인적 의지의 표현이 자리하고 있다. 다시 말해 주체적인 삶이다. 바로 이 점에서 이러한 사회현상은 개인의 주관성을 극대화하려 했던 낭만주의의 한 얼굴이기도 하고 다른 한편으로는 생산자와 소비자의 경계가 흐릿해진 포스트모던한 사회의 한 모습이기도 하다.

어찌되었든 삶을 자신이 주도적으로 끌어 나간다는 점에서 이런 현상은 고무적이지 않을 수 없다. 역사와 문명의 진정한 주체를 생각하는 데 있어서 개인을 제외시킬 수는 없다. 개인은 삶의 구체적인 모습을 만들어 내는 주체이자 사회와 역사를 이루는 가장 기본적인 존재이기 때문이다. 자신의 주관적인 생각대로 자신만의 주관적인 삶의 스타일을 만들어 나가는 사회는 다양성이 자연스럽게 형성될 수밖에 없다. 그리고 이럴 때 우리 사회는 하나의 틀과 기준이 아닌, 다양한 삶의 스펙트럼이 출렁이는 다중적 민주사회가 될 것이다.

광활한 봄날 푸른 하늘 아래에서 피켓을 들고 집단시위를 하고 있다. 그 앞길로 젊은 여성이 튜닝한 청바지에 숄백을 짊어지고 씩씩하게 지나가고 있다.

4분짜리 예술, 뮤직 비디오

　한일 월드컵 경기가 개최되기 일 년 전, 명성황후 시해사건을 뮤직 비디오로 제작해서 방영한 적이 있었다. 유명한 성악가와 연기자들이 대거 출연한 이 뮤직 비디오는 한일 월드컵 대회를 앞둔 시점이어서 묘한 파장을 불러일으켰다. 하지만 스토리상의 문제는 차치하고라도 명성황후 시해 주범인 일본 낭인 허준호의 강렬한 이미지가 오랫동안 대중들의 시선을 붙잡았다. 이는 뮤직 비디오가 대중문화 장르로 자리잡는 데 톡톡한 몫을 했다는 후문이다.

　80년대 초반 MTV라는 음악전문 TV채널이 미국에서 가동됐고 우리는 90년대 초반 뮤직 비디오가 얼굴을 내밀기 시작했다. 원래 음반과 곡의 홍보용으로 제작되었던 뮤직 비디오가 이제는 독립적인 장르로 대중들에게 다가가고 있다. 전문 마니아가 생기고 뮤직 비디오를 전문적으로 방영하는 카페가 있는가 하면 지하철이나 백화점에서도 뮤직 비디오를 어렵지 않게 볼 수 있다. 쇼핑센터나 백화점에서 뮤직 비디오를 방영하는 건 젊은 층의 고객을 확보하려는 상업논리 때문이겠지만 이제 뮤직 비디오는 더 이상 낯선 장르가 아니다.

뮤직 비디오는 음악과 영상의 결합이다. 영상으로 보는 음악이라는 점에서 뮤직 비디오는 시각예술이다. 말하면, 뮤직 비디오는 음악에서 태어나 영상으로 주소지를 옮긴 이주자다. 뮤직 비디오가 영화와 친연성을 갖는 건 이런 의미에서 당연한 일이다. 그러나 뮤직 비디오는 영화와는 달리 4분짜리의 예술이다. 영화의 시나리오처럼 뮤직 비디오의 설계도라 할 수 있는 트리트먼트에 스토리를 짜고 이미지와 음악을 섞어 약 4분간의 영상 포맷으로 만들어진다. 그런데 고전영화나 소설 문법처럼 직선적 내러티브 방식이 아니다. 파편적인 이미지만 나열, 반복한다는 점에서 뮤직 비디오는 포스트모더니즘의 아방가르드 성향을 보인다. 시청자는 이런 영상을 통해 가지런히 정돈된 감정을 느끼기보다는 단편적인 이미지만 소비한다.

이효리의 '겟챠'에 이어 아이비의 '유혹의 소나타'가 또다시 표절시비로 법정에서 방영금지처분을 받았다. 이는 예술의 독자성을 스스로 포기하고 성급하게 대중심리를 포획하려는 상술이라고밖에 말할 수 없다. 포스트모더니즘의 예술양식이 패러디와 패스티시에 의존한다 해도 이러한 기법에는 자기반영성이 있어야 독창성을 확보할 수 있다. 샘플러라는 악보 기계에 의해 몇 가지 멜로디를 첨가해 만드는 게 요즘의 댄스 음악이다. 이런 음악이 주종을 이루고 가수—차라리 포퍼머performer—의 현란한 몸짓과 빠른 영상의 전환, 성적 자극과 표현주의적인 조명 등이 두드러진 뮤직 비디오는 '그것이 그것'이라는 인상을 준다. 그래서 뮤직 비디오는 오리지날리티가 없다는 느낌마저 든다.

이를 극복하기 위해 뮤직 비디오 제작자는 감각을 열어야 할 것이다. 주류를 이루는 사진적 뮤직 비디오만을 고집할 게 아니라 영화적 뮤직 비디오, 즉 이미연과 허준호의 연기가 돋보였던 '명성황후' 뮤직 비디오처럼 드라마타이즈dramatize된 방식도 보다 넓은 시청자층을 끌어안을 수 있다는 점에서 고려해 봄직하다. 도시가 간판 광고로 덕지덕지 도배가 된, 이 백색소음의 세계에서 여기저기 폭발하는 이미지들은 출구 없는 소비만을 조장할 수 있기 때문이다.

창과 거울

　한 가정의 가장이며 남편이자 아버지 그리고 회사 부장이며 어느 학교 동창회 이사에다가 스포츠클럽 친목회장…… 흔히 이런 식으로 '나'를 정의한다. 사회적인 '나'가 곧 '나'의 실존이며 가치라는 인식은 모든 게 물신화되는 현대사회에서 특히 팽배되어 있다. 그러나 이런 '나'는 '역할자의 나'일 뿐 참다운 '나'는 아니다. 역할이 끝나는 순간 '나'도 곧바로 마감된다. 인생이 연극이요 사람은 배우라는 셰익스피어의 말대로 인생이 끝나는 순간 모든 불빛은 어둠에 포획되고 쓸쓸히 우리는 지상을 떠나고 만다. 하여, 그토록 치열하게 살아왔던 인생은 산 자들의 기억 속에 얼마간 남고 이마저 역할자로서의 평가나 기억 속에 묻혀버린다. 그런데도 진정 사회적 개인을 위해 '나'를 사랑해야 하는가? '창'을 통해 끊임없이 바깥만을 응시해야 하는가?

물론 자기 일을 하면서 사는 게 당연한 일이다. 하지만 사회적 개인으로 나아가기 위해서는 전제가 따른다. 그건 결국 자신을 아는 일이다. 끊임없이 '거울'을 보면서 자신을 만드는 일. 이것이 나를 완성시킨다.

전통 유학은 치국평천하를 군자의 목표로 삼는다. 나라를 다스리고 세상을 평화롭게 하는 일은 높은 가치덕목이다. 하지만 이런 사회적 이상을 실현하겠다고 성큼 자신을 사회에 내던질 수는 없다. 치국평천하를 위해서는 집안을 바르게 건사해야 하고 이를 위해서는 자신을 닦아야 한다. 자신을 닦기 위해서는 바른 마음正心을 가져야 하며 정심을 이루려면 앎이 있어야 하고 그것은 사물의 이치를 헤아리는 데서 나온다. 결국 책임 있는 역할자가 되기 위해서는 땀 흘려 노력해야 할 선행조건들이 많다. 격물, 치지, 정심, 수신, 제가, 치국, 평천하로 이어지는 삶. 이것은 '위기지학'爲己之學으로 결정화된다. 자신을 완성하는 배움, 이는 자신을 응시하는 '거울' 이미지다.

하지만 우리는 '거울'이 아닌 '창'으로 세상을 산다. 타인과 경쟁해서 내가 일등이 되어야 하고 원하는 직업을 구하기 위해 나는 책과 한판 승부를 건다. 거자업擧者業이나 위인지학爲人之學처럼 바깥으로만 나아가려는 삶. 내신점수를 위해 친구는 대립해야 할 상대로서 적이 되고 대학은 학문과 전공을 멀리 두고 온통 취업으로 고심한다. 창조적 지성과 원만한 사회관계를 도모할 감성교육은 뒷전으로 밀려나고 적자생존의 법칙만이 우글거리는 정글 속에서 살아남기 위해 우리의 시선은 온통 '창'으로 쏠려 있다.

남성들의 경우 군대 갔다 온 후 대학 졸업하고 몇 년 더 방황하다가 취업하게 되면 대략 나이가 서른에 육박한다. 그러다가 사십 후반에 들면 회사 눈치를 보며 명퇴니 조퇴라는 걸 이마에 걸고 다니며 불안해 한다. 고작해야 20년도 채 안 되는 시간, 이를 써먹기 위해서 우리는 용감하게도 '위인지학'의 숨 막히는 정글 속에서 30년 동안 헤매는 꼴이 된다.

다시 생각해 보자. 진정 '나'는 누구인가. 사회적 역할자의 소임을 다하는 것도 좋지만 그 전에 참다운 나를 만드는 일이 중요하다. 그건 '주체적 나'다. '창'과 '거울' 사이에 끼어 있는 경계인 내지는 어정쩡한 사람은 아닌지. '나'는 누구여야 하는지. 다시 거울을 본다.

글록gloc 문화

정보통신의 발달로 세계는 그야말로 이웃 동네처럼 가깝게 다가왔다. 지구촌이라는 마샬 맥루한의 말이 실감이 난다. 지구 반대편에서 벌어지는 축구 경기를 실시간으로 안방에서 구경하고 세계 구석구석에서 일어나는 크고 작은 사건들이 영상을 통해 전 지구적인 소식으로 전해진다. 옛날에는 얼굴 잊을 만하면 나타나는 방물장수를 통해 기껏해야 두어 마장 떨어진 이웃 동네 이야기나 듣고 세상 돌아가는 형편을 헤아렸는데 이제는 지구가 하나의 문화권, 생활권이 되어버렸다.

하버드 대학의 미래학자인 사뮤얼 헌팅톤은 일찍이 문명충돌론을 조심스럽게 꺼내 놓았다. 이데올로기나 경제의 문제가 아니라 문명의 이질성으로 인해 전쟁이 도발될 수 있다는 이야기다. 그러나 그는 몇 가지 놓친 게 있다. 작금의 문화나 예술의 경향을 두고 볼 때 세계는 보편문화 쪽으로 나아가려는 경향이 농후하기 때문이다. 헌팅톤은 자국의 문화 혹은 문명이 세계 공존의 논리가 아닌 자문화 중심주의를 전제로 삼고 있다. 또한 문화상호주의라는 현대의 문화현상을 뒷전에 놓은 발상이기도 하다.

우리의 현실은 문화의 국수주의가 아니라 세계시장으로 나아가 상업적 이득을 취하려는 경향이 뚜렷하게 나타나고 있다. 이런 점에서 헌팅톤의 견해는 서구문화를 중심으로 놓고 다른 문화권을 타자화한 오류를 범하고 말았다. 가령, 세계적인 극작가 윌리엄 셰익스피어의 작품을 원작 그대로 공연하기보다는 자국의 문화적 전통에서 재창조하는 경향이 적어도 우리나라의 경우만 두고 보더라도 뚜렷하게 나타난다. 일례로, 몇 년 전에 국립극장에서 공연했던 <우루왕 이야기>는 셰익스피어 비극 <리어왕>과 우리의 전통 설화인 <바리데기>를 결합시킨 작품이다. 두 작품이 부모와 자식 간의 갈등을 그렸다는 최소 공통치에서 작동된 상상력은 세계의 보편문화로서 <리어왕>과 우리 고유문화인 <바리데기>가 만나 세계의 지역문화 혹은 지역의 세계문화를 모색한 것이라 할 수 있다.

글록gloc 문화는 이같이 세계와 지역을 아우르는 문화를 말한다. 문화적 상호주의에 입각해 타문화를 곧바로 이식, 모방하는 게 아니라 타문화를 자문화의 전통 속에 스미게 해서 제3의 문화 컨텐츠를 만들어내는 것이다. 글로벌리즘globalism과 로컬리즘localism을 결합한 글록 문화는 앞으로 지역 단위의 개별성과 특수성을 넘어 세계의 보편언어로 소통될 가능성이 짙다.

내용과 형식이 삶의 일반성을 나타내는 것이라면 문화는 이미 지역성을 뛰어넘는 것이다. 하나의 뛰어난 예술적 명품이거나 아름다운 형식미학을 갖춰 보편적인 삶의 모습을 반영한 문화는 인종과 종교적 신념을 넘어 가슴으로 느끼는 감동을 줄 수 있기 때문이다. 이데올로기와 역사적 배경을 시야의 중심으로 놓은 나머지 헌팅톤의 문명충돌론은 정작 주체가 되어야 할 문화나 문명을 후경화한 느낌을 준다. 이데올로기보다 더 절실한 것은 구체적인 삶을 희열로 끌어가는 그 어떤 것이다. 그럴 때 우리는 여기서 진정한 문화의 힘을 찾을 수 있는 게 아닌가.

비보이춤, 육체성의 발화

모든 견고한 것은 대기 속으로 빨려 들어가 녹아버린다. 탄탄한 성채인 양 좀처럼 무너질 기미가 보이지 않았던 고급문학이 대중문화로 이동된 지는 이미 옛적이 되었다. 발레 토슈즈를 벗어던진 이사도라 덩컨의 맨발 발레가 이제는 운동화를 신고서 대중친화적인 모습으로 바뀌었다. 오페라에 팝을 얹혀 팝페라가 등장하고 얼터내티브 음악에, 정갈하게 만들어진 데코럼decorum보다는 파괴적이고 얼크러진 춤에서 우리는 짜릿한 쾌감을 경험한다. 진정 우리 시대 문화는 저항과 전복을 꿈꾸는 불온한 얼굴인가?

요새 비보이춤이 모든 문화판에 단골로 등장하면서 상한가를 올리고 있다. 젊은이들이 모이는 축제는 물론 TV 쇼나 뮤직 비디오에서부터 대학 홍보에 이르기까지 비보이춤은 '잔다르크'가 되어 젊은 문화를 끌어가고 있다. 젊은이들이 모이는 곳에는 으레 레코더 박스를 든 채 비보이춤을 추기 일쑤이고 학교 교정에서도 중·고등학생들이 삼삼오오 모여 추는 장면을 어렵지 않게 볼 수 있다. 헐렁한 바지에 속살을 훤히 드러내면서 때로는 개별적으로 때로는 전체가 조화를 이루며 만들어내는 한판의 비보이춤. 젊은이들의 에너지가 폭발하는 이 춤은 뒷골목 놀이로부터 출발해서 이제 월드와이드문화가 되었다.

원래 '브레이크 댄스를 추는 남자'라는 의미인 B-Boy. 이 춤은 역동적이고 발랄해서 젊은이들의 전유물이 되었다. 회전동작, 헤드스핀, 윈드밀, 에어트랙 등 파워 무브가 뿜어내는 짜릿한 역동성은 묘기 이상의 즐거움을 준다. 어찌 보면, 우리 전래의 살판을 보는 것 같기도 하고 관객들에게 흥을 돋게 하기 위해 추임새를 한다는 점에서는 판소리를 닮기도 했다. 목청이 아닌 몸으로 풀어내는 판소리. 그리고 보니 천둥 뇌성이 치는 듯한 춤의 격렬함은 수리성을 닮았고 한없이 부드러운 스타일 무브는 계면조의 몸적 표현이랄 수 있다.

어찌되었든 강약의 리듬을 조절해 가면서 관객과 한 몸으로 어울릴 수 있다는 점에서 비보이춤은 우리 재래의 전통연희와 멀지 않다. 그래서 그런 것일까. 비보이춤은 굳이 무대랄 것도 없이 삶 속에서 자란다. 내가 있고 우리가 있는 판만 존재한다면 그리고 구경꾼이 모여들어 보아주고 함께 흥성거릴 수만 있다면 비보이춤을 꽃처럼 무장무장 피어난다. 삶의 뭉클뭉클한 감정들을 몸이나 말로 풀어내는 살판이나 판소리와 같이 구획된 무대를 거부한 채 말이다.

이 춤은 흑인들의 힙합에서 유래된 저항의 몸짓이었다. 변두리로 밀려난 흑인들의 인권과 슬픈 역사를 몸으로 풀어내는 정치적 포퍼먼스. 비보이춤의 이런 정치성은 이제 그 의미가 탈각되고 문화적 민주주의를 지향하는 듯하다. '나'를 받아서 '너'가 잇고 '우리'의 무늬를 만들어 내는 춤의 패턴에서 '나'와 '우리'의 소통을 발견할 수 있기 때문이다.

중세 집단의 논리가 근대 개인의 논리로 이어지면서 인류 역사의 시선은 자리바꿈을 한다. 중세와 근대가 '집단'과 '나'의 대립이라면, 현대는 이 둘을 조우시켜 소통의 아름다움을 열고 있다. 이러한 모습을 비보이춤을 통해서 만날 수 있음이 반갑다.

얼마 있으면 서울 잠실벌에서 세계 비보이대회가 열린다. 기왕 우리나라 비보이춤 실력이 세계적인 수준에 올랐으니 기량보다는 '형이상학 뼈대'가 굵직하게 드러나는 춤판이 되기를 기원해 본다. '나'와 '우리' 모두 소통하는 월드와이드 문화를……

피천득과 수필

아침에 낳았다고 아사코라는 이름을 지어주었다고 하였다. 그 집 뜰에는 큰 나무들이 있었고, 일년초 꽃도 많았다. 내가 간 이튿날 아침, 아사코는 '스위트피'를 따다가 화병에 담아 내가 쓰게 된 책상 위에 놓아주었다. '스위트피'는 아사코같이 어리고 귀여운 꽃이라고 생각하였다.

누구나 한 번쯤 읽어 본 수필 <인연>의 앞부분이다. 이 작품을 쓴 피천득 선생이 엊그제 유명을 달리했다. 선생은 시인이며 영문학자이기도 하지만 수필가로 우리에게 더 알려졌다. 줄거리를 지닌 서사적 수필 <인연>은 사춘기 시절에 만난 여성이 시간이 지남에 따라 변모됨을 '하얀 운동화', '목련꽃', '시든 백화'의 이미지로 형상화하면서 세월의 무상함과 생의 덧없음을 말한 작품이다. 고등학교 때 이 작품을 읽으면서 나름대로 첫사랑을 꿈꾸게 했던 수필 <인

연>. 수필이 이처럼 잔잔하게 사람의 마음을 움켜쥘 수 있다는 걸 느끼게 한 작품이다. 그래서 그런지 문학을 전공한 지 삼십 년이 넘었지만 아직까지 나는 이 작품을 수필의 대표적인 얼굴이라고 생각한다.

선생의 작고 소식을 들은 건 광화문 근처 어느 장소에 마련된 올해의 에세이스트 시상식 자리에서였다. 이 자리는 좋은 수필을 발표한 수필가들에게 상을 주는 자리라서 축하의 자리이자 수필문학의 번영을 다짐하는 시간이기도 했다. 하여, 선생의 타계는 슬픔의 정도가 작지 않았다. 선생은 한국 수필사에서 굵직한 획을 그은 대표적인 인물이려니와 수필을 대중적으로 친근하게 인식시켰기 때문이다.

수필은 특별한 문학적 의장을 요구하지 않는 글이라는 점에서 서양보다는 동양에 가깝다. 흔히 수필을 무형식의 형식이니 비전문적인 글이니 하는 건 표현과 기교의 형식미학적 안목을 특별히 요구하지 않기 때문이다. 한 마디로 수필은 무기교와 무형식의 글이다. 하지만 글쓰기에서 제약이 없다는 점은 아무렇게나 수필을 써도 무방하다는 뜻은 아니다. 다만 형식과 내용, 글의 두 층위를 굳이 나누지 않고 하나로 혼융일체가 되어야 좋은 글임을 강조할 따름이다.

이런 점에서 수필은 노자를 닮았다. 무위와 텅빔의 은유는 '억지로 채우지 않음'이기 때문이다. 이는 삶을 관조하지 않고서는 도저히 발상할 수 없는 경지가 아니던가. 소란한 총천연색의 세계. 그러나 이를 두르고 있는 의미를 한 발짝 떨어져 생각해 보면 그건 결국 한 빛이다. 관조와 무채색의 음성, 이것이야말로 묵직하면서도 가벼운 수필만의 아름다운 특성이랄 수 있다.

21c는 수필의 시대가 되리라 말하는 사람들이 있다. 테크노에 도취되어 문명은 표현과 기교면에서 현란극치가 유월 연밭에 연잎 퍼지듯 덮어버린 현재. 밑도 끝도 가도 없는 기표의 변화무쌍함과 빠른 속도의 변화 속에서 아찔한 현기증으로 '영혼'을 지탱하기 힘든 시대처럼 보인다. 하여, 정오의 찌를 듯한 햇살 속에서 그리워지는 건 저녁 무렵 강가에 머리를 낮추고 있을 어스름이다. 한낮의 절정을 넘어서야 얼굴을 내미는 석양의 어둠과 밝음의 교묘한 합일, 이것이 수필이라면 테크노 시대 한복판에서 이미 우리는 수필을 부르고 있는 셈이다.

이솝우화 이야기 하나

　‘밋건덩 유월’이라는 속담이 있다. 유월이 되면 농가의 손이 바빠 시간이 마치 미끈거리는 생선처럼 잡지 못해 홀렁 지나버린다는 뜻이다. 여름 더위가 시작되고 산야는 푸르게 생명을 발산하는 이때 한 해 농사가 시작된다. 옛날에는 머슴의 날이 있었다. 음력 이월 초하루가 되면 온갖 음식을 장만하여 머슴을 위로하였다. 한가한 동절기를 틈타 머슴을 위로하고 유월 농사철에 적극 부려먹기 위해서다.

　유월 모내기 계절을 맞이하면서 이솝우화 이야기 하나가 떠오른다. 모두가 익히 알고 있는 ‘개미와 베짱이’ 이야기다. 한여름 땡볕에서 개미들이 쉴 새 없이 노동을 하는데 베짱이는 신세 좋게 그늘에 앉아 노래나 부르고 있다. 개미는 잘록한 허리를 추며 가며 온종일 노동을 한 대가로 곳간에 먹을거리를 가득 쟁여놓을 수 있었다. 그리고 편하게 겨울철을 보낸다. 반면에 여름날에 한가하게 노래만 불러댔던 베짱이는 겨울철이 되자 먹을거리가 없어 빌빌대다가 결국은 개미한테 와서 동냥을 구했다. 개미는 콧방귀를 뀌며 말했다. "흥, 꼴좋다! 남 일할 때는 핑핑 놀더니 이제 와서 동냥질이냐?" 베짱이는 발길을 돌릴 수밖에 없었다.

이 이야기는 '준비된 자 후환이 없다.' 혹은 '근면이 재앙을 멀리한다.' 등 교훈적 텍스트로 읽혀 왔다. 따라서 자연스럽게 '개미'를 긍정적인 인물로, '베짱이'를 부정적인 인물로 나누어 둘 사이를 원수 간처럼 갈라놓았다. 하지만 '베짱이'가 그렇게도 죽일 놈인가? 그리고 '개미'는 온전한 사고를 하고 있는가? 물론 개미는 노동의 신성함을 수행한 인물이기 때문에 전적으로 부정될 수는 없다. 특히 증산, 수출, 건설이 지상 최대의 목표였던 저 70년대 이후의 우리의 형편을 생각해 보면 '개미'에 대한 찬사는 지극히 당연하다. 그렇다면 '베짱이'는 타기해야 할 '검은 인물'일까? 다시 생각해 볼 문제다.

개미가 후끈한 여름 더위 속에서도 노동을 할 수 있었던 건 그럴 만한 힘을 누군가가 제공해 주었기 때문이다. 베짱이의 노래를 개미가 일하면서 원하든 원하지 않든 들었다면 의미는 달라진다. 베짱이의 노래가 일종의 노동요라면 개미는 일정 정도 베짱이에게 빚을 진 셈이다. 노동요는 힘듦을 극복하고 노동의 생산성을 높이는 데

기여한다. 그렇다면 노동요 또한 역동적이고 참여적인 노동이라고 하지 않을 수 없다. 따라서 베짱이의 음식 구걸을 야박하게 거부하고 문전박대를 한 개미는 오히려 독선적인 존재로 비판의 대상이 된다.

모내기를 할 때 못줄을 떼며 소리를 흥얼거리는 못줄잡이가 모내기판에서 쓸모없지 않듯이 베짱이 역시 그렇다. 모심기의 속도는 오히려 못줄잡이의 채근대는 소리와 흥을 돋우는 노랫가락에 따라 결정된다. 그러니 못줄잡이가 모내기에서 우이를 잡는 인물이듯이 개미가 수이롭게 일할 수 있었던 까닭은 베짱이의 노랫가락 덕이다.

유월 모내기가 시작되었다. 88번이나 사람의 손을 필요로 한다고 해서 쌀 '米' 자가 생겼다는 말이 있다. 숱한 노동의 고된 손길에 떨어지는 베짱이의 노래. 이의 의미를 새겨볼 필요가 있다. 이게 상생의 길이다. '밋건덩 유월'에 손가락 사이로 이솝우화 하나가 잡혀드는 건 수수로운 세월을 붙잡으려는 욕망인가 보다.

동화공원과 스토리텔링

　웰빙 시대를 맞이하면서 공원은 삶 가까이에 있다. 그전만 해도 공원은 특별한 날의 나들이 장소일 뿐, 날마다 만날 수 있는 공간이 아니었다. 말하자면 그때 그 시절에 공원은 귀족이었다. 쉽게 만날 수 없는…… 하지만 지금은 어떤가. 아침, 저녁으로 걷거나 뛰면서 일상의 한 조각을 반드시 공원에서 보낸다. 심지어 점심시간을 이용해 가볍게 산책하거나 아예 벗어부치고 운동을 하는 직장인들도 있다 하니 공원은 참으로 가깝게 다가왔다.

　어떤 도시에 가든 공원은 있다. 그러나 공원은 다목적용이라기보다 특별한 용도로 만들어진 테마파크가 주류를 이룬다. 건강을 위한 체련활동이 그 가운데 가장 일반적인 공원의 모습이다. 그런가 하면 그 지역 출신의 문학인이나 예술인의 동상을 세운 공원들이 있다.

부안 해변가에 있는 석정공원이나 고창의 미당공원이 그것이다. 이런 공원은 대개 인물 동상과 문학비를 세워두는 경우가 흔하다. 이처럼 테마파크의 주된 테마는 체련과 문학 혹은 예술인에 국한되어 있다.

이런 사정은 외국도 마찬가지다. 영국 런던에 있는 켄싱턴 공원은 '피터 팬' 공원으로 알려져 있다. 제임스 배리가 이 공원에서 작품을 구상하고 썼으며 그 후에도 종종 피터 팬 놀이를 했다고 한다. 피터 팬 동상이 있고 그 주변으로 작은 산책로가 나 있는 켄싱턴 공원 역시 피터 팬이라는 허구적인 인물의 동상만 있을 뿐 피터 팬의 스토리텔링은 찾아볼 수 없다.

도처에 이야기가 난무하는데 공원에만 스토리텔링이 없다. 공원이야말로 삶의 이야기가 스며 있는 공간이어야 한다. 일정한 스토리텔링을 보여주는 테마파크 말이다. 이 가운데 하나가 동화공원이다. '읽는 동화'에서 '보는 동화' 또는 '체험하는 동화'의 공간을 조성하는 건 시민들에게 다양한 문화 컨텐츠를 경험케 하는 좋은 계기가 될 수 있기 때문이다. 이는 일정한 주제를 반영한 동화를 거리로 조성해서 건축, 조각, 공예, 음향, 음악, 빛과 소리, 가면과 퍼포먼스 등의 다양한 요소를 버무려 동화 체험을 가능케 하는 공간이다. 이런 공간에서 부모와 아이가 함께 경험하면서 실종된 어른과 아이의 문화정서를 합일시킬 수 있다. 이른바 동화공원은 키덜트kidult 문화를 육성하는 구심점이 된다.

그러기 위해서는 지역 소재의 동화를 적극 발굴하고 이를 문학가와 건축가가 머리를 맞대고 연구해야 할 것이다. 음식과 위락시설을 최소화하고 가치 있는 경험으로 발전할 수 있도록 다양한 시청각적 매체를 동원해 시민들의 자발적인 참여를 유도하는 기획 프로그램이 고안되어야 한다.

부천 송내 근처에 '둘리거리'가 있다. 부천이 한국 만화영상산업 컨벤션 센터를 건립하고 나서 애니메이션인 '아기공룡 둘리'를 부천 시민으로 끌어들였다. 부천은 '송내역'에다가 '둘리역'이라는 명칭을 함께 표기할 정도의 적극적인 문화마인드로 도시 특성을 강조하고 있다. 익산에는 서동공원이 있다. 야트막한 산과 호수, 잘 가꾸어진 잔디와 수목은 포근하고 아름답다. 하지만 서동공원에는 서동이 없다. 시민들에게 감각과 인식으로 주제가 와 닿기를 기대해 본다. 모기 없는 모기장이야 당연지사지만 금붕어 없는 어항은 의미 없는 공허한 공간일 따름이다.

사유와 향유

극단적으로 생각해 보자. 우리는 무엇으로 사는가? 즐기기 위해서 산다. 몸의 쾌적함이다. 반면에 정신의 높은 가치를 지향하는 삶도 있다. 물질과 정신. 이 두 가지 중 어느 하나가 시소처럼 높이 솟아 있는 게 저간의 인류문명사이다. 이른바 사유와 향유, 이 두 가지 방식은 서구철학의 근간이다.

즐기는 삶은 인간에 내재된 유희적 본성, 즉 놀이 본능에서 출발한다. 사회화되는 과정에서 필요한 모든 학습들도 따지고 보면 놀이적 충동에서 시작된다. 삶 그 자체가 유일한 것이며 단 한 번이기에 인생은 즐길 수 있는 만큼 즐기며 살아야 한다. '노세 노세 젊어서 노세. 그리고 계속 노세' 신나게 불러대는 까르페 디엠의 외침. 이 향유의 논리는 오늘날 만연되어 있는 축제에서 그 모습을 발견할 수 있다.

반면에 사유의 논리는 소크라테스의 '너 자신을 알라'로부터 시작
한다. 자신의 무지함을 깨닫는 자체가 앎의 출발이자 철학의 시작이
다. "반성하지 않는 삶은 살 가치가 없다."고 설파한 소크라테스는
삶의 모든 과정에서 사유를 중심에 놓은 철학자이다. 그래서 사유로
세상을 밀고 나가는 사람들을 '소크라테스적 인간'이라고 부른다.
'나는 생각한다. 고로 존재한다.'로 유명한 데카르트에 이르러 사유
와 이성은 절정에 달한다. 그리고 근대 계몽을 열어 눈부신 과학문
명이 손과 발 그리고 머리를 대신하면서 신체를 죽이고 말았다.

대학에서 문사철, 즉 인문학은 설 자리가 없다고 아우성이다. 이
분야 전공자들은 새로운 곳에 천막을 치고 화전민 학자임을 자처하
고 있다. 삶의 중심축이 이성적 사유에서 발랄한 감성으로 이사 간
현시대. 지금은 물질과 향유가 이성과 사유를 정복한 전복의 시대이
다. 그리고 바야흐로 축제의 난장으로 내려온 향유의 몸들은 여기저
기서 꿈틀꿈틀 전복의 환희에 도취되어 카니발을 연다.

그러나 정작 카니발 정신이 실종된 카니발. 이것이 오늘날 예제없
이 터지는 온갖 축제의 모습이다. 일상의 전복, 주변부로 밀려난 자
들의 중심부 진입, 억압과 굴종을 뒤집는 역설의 파노라마가 축제이

고 보면, 오늘날 축제는 제대로 돌아온 것인지도 모르겠다. 하지만 축제가 태생적으로 지닌 향유의 정신은 고스란히 사라지고 그 자리에 자본의 논리만 펄럭인다. 지방자치단체와 축제의 주체자들로부터 축제에 참여하는 각종 음식과 상품, 위락시설 제공자에 이르기까지 축제를 한 건 땡길 수 있는 절호의 기회로 여긴다. 축제가 사라진 축제, 이것이 향유의 절정에서 사유의 꽃을 피워야 할 이유이다.

축제가 애초에 전복과 향유의 논리에서 시작되었다면 이는 생활에서 발생하는 균열과 갈등을 봉합하기 위해서다. 축제는 한 마디로 대동사회를 꿈꾸는 욕망의 표출이다. 단오를 맞이해서 전국적으로 축제가 꽃처럼 터지기 시작했다. 일종의 계절축제이다. 그러나 계절은 온데간데없고 대동사회에로의 욕망도 자취를 감추었다. 참을 수 없는 사유의 가벼움으로 걸어와 지금 축제의 진정한 의미는 멀리 던져 놓고 축제판만이 흥성거리며 열리고 있다.

유월이다. 뻐꾸기와 종달새가 서로 소리를 섞고 존재를 섞는 유월이다. 이 무더위에 저들은 존재의 교환으로 자연을 만들어 나간다. 축제의 계절에 사유와 향유가 저 새들처럼 교환되어 아름다움을 만들어 나갔으면 하는 바람이다.

들판에서 무대로 들어온 사물놀이

쇳가락에 신들린 방망이가 놀아난다
뿌리 깊은 끼 역마살에 몸을 태워
닫혔던 응어리 풀어주는 소리,
영혼을 뒤흔든 가락으로 겨울을 깨운다.

어깻짓 실룩이며 갸웃대는 꽹과리 소리,
꼬치 잠 자던 개구리 폴짝대고
장고에 젖혀 넘는 춤사위
찬바람 꼬리 끝에 풀어지는 굿거리 장단이 된다.

긴 여음을 둘러메는 징의 장단,
귀 맛을 다시어 두드리는 가락이 되고
얼어붙은 강물 놀라 깨어지는 북소리,
유랑 길 떠나는 겨울 위해 한마당 잔치로 두드린다.

시인 정하주는 사물놀이를 이렇게 노래하고 있다. 질곡 많은 역사 속에서 살아왔던 비극적 생의 운명을 신명으로 풀어내는 소리, 이것이 사물놀이를 이루는 악기들의 소리다. 사물놀이는 원래 불교 의식 때 쓰인 법고, 운판, 목어, 범종의 네 악기를 가리키는 말이었다. 그러다가 훗날 북, 징, 목탁, 태평소로 바뀌고 지금은 북, 장고, 징, 꽹과리의 네 가지 민속 타악기를 연주하는 놀이로 의미가 달리 쓰이고 있다.

사물놀이를 우리의 고유한 놀이처럼 여기고 있으나 사실은 역사적으로 그리 오래된 건 아니다. 사물놀이를 창시한 김덕수는 우리의 재래 악기 가운데 타악기 네 가지를 가지고 사물놀이라는 새로운 연희문화를 창조해 냈다. 따라서 사물놀이는 표면적으로 볼 때 악기를 연주하는 음악의 형태를 띤다. 사물놀이는 앉아서 연주하는 앉은 반과 서서 약간의 춤사위와 곁들여 연주하는 선반, 두 형태가 있다. 이로 보면 사물놀이는 음악과 연극적 퍼포먼스가 결합되어 독특한 악기 연주를 위주로 약간의 몸짓이 가미된 놀이다. 하지만 여기에는 그 이상의 의미가 숨 쉬고 있다.

천둥소리인 꽹과리, 바람소리인 징소리, 빗소리인 장구소리, 구름소리인 북소리를 섞어 연주자의 소리와 함께 어우러진 이른바 천지인天地人 삼재가 곡식의 성장을 촉진시킨다. 사물놀이를 들려주면

3할 이상 더 자라고 더 푸르다는 관찰 보고도 있다. 이쯤 되면 사물놀이는 재래의 타악기를 동원한 단순한 오락적 놀이만은 아니다. 자연과 우주 그리고 인간이 서로 인드라망처럼 얽혀 있다는 생태학적 상상력에 의해 만들어진 우리의 신명난 가락이다.

들판에서 생명을 성숙케 했던 사물놀이가 이제 무대로 들어와 여러 장르들과 크로스오버 공연으로 몸을 섞고 있다. 다시 신명은 인간의 몫인가? 아니면 자연의 신명을 다시 불러들이는 제의인가? 그것도 아니면 과학과 물질에 시든 생명들에 대해 다시 신명을 불어넣어주기 위해서인가? 어찌되었든, 무대로 올라온 사물놀이가 극장이라는 밀폐되고 제한된 공간에서 어떻게 자기진화를 모색할 것인가 지켜볼 필요가 있다. 사물놀이를 탄생시킨 김덕수는 올해 데뷔 50주년을 맞는다고 한다. 그는 전통에 말걸기를 시도한 대화자였다.

누드문화

바로크 시대, 루벤스라는 화가가 있다. 그의 '삼미신'은 풍요로운 여성의 몸을 소재로 한 인상적인 나체 그림으로 유명하다. 그런가 하면 프랑스의 화가 르느와르는 나체의 꽁뽀지시옹을 남긴 대표적인 화가이기도 하다. 그는 '여체가 없었다면 그림을 그리지 않았을 것'이라고 할 만큼 여성의 몸을 회화의 중심 소재로 다루었다. '나부' 흔히 '목욕하는 여인'이라고 알려진 그의 그림은 루벤스의 '삼미신'과 더불어 서양 회화사에서 가장 황홀하게 여인의 몸을 그린 작품으로 남는다.

유명화가의 그림에서나 볼 수 있었던 여인의 은밀한 몸이 이제 세상 밖에서 돌아다닌다. 누드라고 이름표를 달고 있는 것들. 누드 전화기, 누드 김밥, 누드 교과서, 누드 토크, 누드 시계, 누드 브라,

누드 체중계…… 속에 비밀히 들어 있을 내용들을 죄다 까발리는 세상인가. 이제 누드는 시도 때도 없이 어디서든 활개를 치고 있다.

유명 모델이나 연예인의 누드 사진이 세인의 관심을 끌더니만 디지털 시대를 맞이해 디카나 폰카 혹은 웹캠 등으로 자신의 몸을 누드 영상으로 남기는 젊은 여성들이 늘고 있다. 사진이나 촬영을 통해 젊음의 육체를 보존한다는 의미로 내 몸을 기록하는 것이다. 어찌 보면 인류의 수치의 역사는 나체의 역사와 걸음을 같이한다. 에덴동산에서 추출된 이후 알몸은 부끄러움 그 자체였기 때문이다. 알몸은 사회적으로 기피해야 할 금기였다. 그런데 지금은 자신의 몸을 찍어 인터넷 동영상에 올린다. 분명 몸에 대한 인식의 변화가 이루어지고 있는 셈이다. 전문가들은 이에 대해 자유, 창의, 진보와 같은 긍정적인 면에서 동의하고 있다. 그러나 거대한 소비문화 속에서 젊고 아름다운 몸만을 추구하는 몸의 미디어화와 상업적인 목적에 빠지는 것에 대해 경계하고 우려하는 목소리도 적지 않다. 몸의 상업화를……

근대, 전근대, 탈근대라는 삼중의 문화적 주름, 즉 삼겹살 문화 속에서 살고 있는 우리. 개인의 자유와 세계의 이상 사이에서 오락가락하기도 하고 객체의 진실보다는 주관의 과시가, 생산미학보다는 소비가 우리 사회를 현란하게 주도하는 탈근대의 모습이 현대성을 이루고 있다. 누드 사진이나 영상찍기 열풍은 1차적으로 몸에 대한 기억과 기록 의미가 있다. 하지만 이는 결국 자기 과시 혹은 현시욕의 발로이다. 이런 현상에서 정신에 의해 억압, 감금되었던 육체의 부활을 목격된다.

이처럼 누드 문화가 전방위적으로 확산되는 데는 심리학적 의미가 저변에 깔려 있지 않을까 싶다. 말하자면 고도로 문명화된 인간이 그 문명에 피로감을 느껴 다시 원초적으로 되돌아가고 싶은 마음이랄까. 프로이트의 말로 하면 유아기로 되돌아가는 퇴행이론이다. 나른한 문명 도취감에 취해 잃어버린 자궁이자 원초적인 삶의 공간이었던 에덴에로의 회귀, 혹은 최초로의 귀환인 원시반본의 현대적 표정인지도 모를 일이다. 아무튼 지금 여기, 누드가 하얗게 번지는 현상에서 논리적으로 정돈된 세상 너머의 원시성, 야생의 얼굴을 본다. 이 광활한 문명의 대지 위에서.

우리말의 얼굴

　도둑이 들어왔다. 영리한 한 소년에게 말했다. "꼼짝 말고 손 들엇!" 소년은 그러나 그 자리에 멍하니 서 있었다. 도둑은 윽박질렀다. "죽고 싶어? 어서 손 들엇!" 그제야 소년은 손을 들면서 말했다. "아저씨가 꼼짝 말라고 해서 그냥 꼼짝 않고 있었는데……" 도둑은 순간 헷갈렸다. 소년에게 한 방 먹었기 때문이다.

　'휴가 어디로 갈거야?' '글쎄, 아직 정하지 않았어.' 보통 우리는 이와 같이 말을 한다. 그러나 여기서 '휴가 가다'는 말은 말이 아니다. 휴가는 시간 개념어이기 때문에 '가다'라는 장소와 관련된 용어는 타당치 않다. 그럼에도 우리는 '휴가를 가다'라고 으레 사용하고 있다. 휴가는 가는 게 아니라 보내는 것이다. '쇼핑 가다'도 마찬가지다. 쇼핑은 '하는 행위'이기 때문에 '쇼핑하러 가다'라는 말이 적

216

확한 표현이다. 신문이나 방송 광고에 '피로 회복제'라는 표현이 종종 눈에 띈다. 참으로 무시무시한 말이다. 소비자가 이것을 사 마시면 죽음에 이르게 될 수밖에 없기 때문이다. 그럼에도 불구하고 우리는 피곤할 때 광고가 가르쳐준 대로 용감하게 사 마신다. 그런데도 멀쩡하게 살아 있고 오히려 생기가 돋는다. 그러나 광고는 죽음으로 가는 약을 소개할 따름이다. 왜냐? 피로 회복제는 피로한 상태로 다시 되돌아간다는 말이기 때문이다. 따라서 이 약을 마시면 다시 좋지 않은 몸 상태로 되돌아간다. 강장제를 팔면서도 죽음을 지시하고 있는 이 이율배반적인 표현. 이것이 지금 우리 국어의 풍경이다. 피로회복제는 '피로 해소제' 혹은 '원기 회복제'라고 해야 마땅하다.

'차비'는 '차를 사는 값'이기 때문에 '찻삯'으로, '차 내리는 곳'은 '승객이 내리는 곳'으로, '내리실 때에는 벨을 눌러 달라'는 시내버스 안 글귀는 '내리시기 전에 벨을 눌러 달라'고 교정되어야 한다. '책갈피 좀 주세요'는 '갈피표 좀 주세요'로, '축하드리다', '감사드리다'는 '축하하다', '감사하다'로 바꿔 써야 옳다. '국립공원'은 '국가지정공원'이 사리에 맞다.

우리가 무심히 사용하고 있는 일상적인 우리말의 얼굴이 바로 이렇다. 언어는 사물의 개념을 드러내는 1차적 기호이다. 어린이는 이

언어를 통해 사물의 개념을 이해하고 세상을 파악한다. 그런가 하면 성인은 언어를 통해 자신의 주관을 객관화하고 이를 통해 자신을 세상에 세우게 된다. 이것이 언어의 힘이다. 그러므로 언어는 자모음의 결합체로서 단순히 기호의 의미가 아니라 사회나 세계와 소통하는 매개체이면서 '나'와 '세계'를 연결하는 교량이다. 이런 의미에서 언어는 정확하게 사용되어야 한다. 플로베르의 문장은 정밀하기로 정평이 나 있다. 하나의 사물을 표현하는 언어는 단 하나밖에 없다는 일물일어설一物一語說. 그는 언어의 정확한 사용을 이렇게 강조하고 있다.

언어는 민족공동체를 결속시키고 문화의식을 발양시키는 엔진이다. 그런데 언어가 부적절하고 부자연스러우며 반현상적으로 사용된다면 민족공동체의 문화의식은 결딴날 수밖에 없다. 우리말을 소중히 여기자는 구호는 옛 시대의 국민교육헌장 암송처럼 공허한 이데올로기 강요인지 모른다. 하지만 하루라도 입을 열지 않고는 살아갈 수 없는 우리에게 우리말은 얼굴이다. 인격이니 교양이니 인품이라는 고상한 추상이 아니라 지금 여기서 남에게 보이는 우리의 얼굴, 이것이 곧 우리가 사용하고 있는 우리말인 것이다.

동기부여사

　조선 후기 여성가사 중에 <덴동어미 화전가>가 있다. 이 작품은 부녀자들의 화전놀이를 소재로 삼고 있다. 청상과부가 자신의 처지를 탄식하자 덴동어미가 나서서 자신의 파란만장한 삶을 들려준다. 그러자 청상과부는 크게 깨닫는다는 줄거리다. 이른 나이에 남편을 잃고 홀로 사는 청상과부에게 들려주는 덴동어미의 기막힌 삶의 운명은 참으로 기고만장하다. 네 번의 결혼과 연속되는 남편의 죽음, 50 나이에 본 아들마저 불에 데어 불구가 된 사연 등을 낱낱이 들려주며 덴동어미는 비극적인 운명을 신명으로 풀어내며 노래를 부른다. 청상과부는 덴동어미의 고난 찬 삶을 들으면서 마치 불 앞의 얼음처럼 녹아들고 말았다는 이야기.

　<삼국지연의>에 망매지갈望梅止渴이라는 말이 나온다. 조조가 적

벽에서 크게 패한 뒤 패주하는데 군사들이 갈증으로 고생하는 것을 보고 좀 더 가면 매화나무 숲이 있다고 말한다. 그러자 군인들 입에서 저절로 군침이 돌아 적벽을 빠져나왔다는 일화 한 토막.

아우구스티누스가 어릴 적에 집 안을 보니 사방 군데에 대못이 박혀 있어 어머니에게 물었다. "어찌 집 안에 이리 대못이 많이 박혀 있습니까?" 그러자 어머니 모니카는 슬픈 목소리로 말했다. "네가 나쁜 짓 할 때마다 집 안에 못을 박았단다" 아우구스티누스는 그때부터 매일매일 착한 일을 하게 되었고 어머니는 그때마다 박힌 못을 빼냈다.

우리 이야기를 포함, 동서의 다른 이야기에는 공통적인 부분이 있다. 그건 한 사람이 다른 사람에게 간섭한다는 사실이다. 그러나 이 간섭은 부정적이라기보다는 자기성취적인 자극이라는 점에서 바람직하다. 이것이 요샛말로 하면 동기부여다. 삶에 지치고 피로감에 녹진녹진해질 때 누군가가 생기를 북돋는 힘을 준다면 얼마나 고마운 일인가. 뗀동어미가 청상과부에게 그렇고 조조가 지친 군사들에게, 모니카가 아들에게 그렇듯이 성취된 삶을 보증해 주는 말 한마디가 그리운 세상이다. 부모, 스승, 친구, 연인이 '나'의 동기부여자가 되어 삶의 길에서 엔진 역할을 해 준다면 그 사람은 풍요로운 삶을 소유할 수 있는 자다.

우리에겐 낯선 말이지만 동기부여사라는 직종이 있다. 명칭에서 보듯이 이 말은 전문성을 갖춘 직업의 한 개념이다. 『성취심리』, 『내 인생을 바꾼 스무살 여행』, 『세일즈 슈퍼스타』, 『한 가지로 승부하라』 등으로 유명한 브라이언 트레이시. 그는 비즈니스 컨설턴트이다. 자기계발과 동기유발 전문강사로 알려진 그가 쓴 책들은 우리나라에서 절찬리 판매되고 있다. 또한 마르코 폰 뮌히하우젠의 『네 안의 적을 길들여라』도 역시 이 계열의 책으로 잘 알려져 있다.

현대의 무한경쟁 사회를 레드 오션으로 비유한다. 핏빛 바다처럼 유혈이 낭자한 경쟁사회라는 뜻이다. 이런 숨 막히는 생존의 경주에서 낙오자들은 생겨날 수밖에 없다. 더러는 좌절과 절망, 낙담과 포기로 스스로 목숨을 결판내는 사람들도 적지 않다.

꽃이 피기 위해 햇빛과 바람과 비가 도와주어야 하듯, 우리의 삶 역시 잣나무처럼 홀로 울울하게 만들어 갈 수는 없다. 삶에 지친 나에게 덴동어미의 노래를 부를 자 누구인가?

정자와 펜션

　남원에는 유서 깊은 육모정과 광한루가 있다. 그런데 궁금한 게 있다. 무엇이 정亭이고 무엇은 루樓인가. 육모정이나 광한루는 경치를 감상할 수 있는 휴식공간인데 왜 굳이 정과 루로 구분하여 이름을 지었을까? 되는 대로 갖다 붙이지지는 않았을 테고 분명 그럴 만한 이유가 있을 법하다. 사물의 이름은 그 자체로 본질을 드러내는 언어적 현상일 테니까.

　맞다. 정자나 누각은 휴식용으로 지어진 집을 말한다. 하지만 동일한 기능을 한다 할지라도 단층짜리 건물일 경우에는 정자라고 하고 이층짜리 건물은 누각이라고 한다. 구조적 차이에 의해 이름이 달리 붙여진 것이다.

『동국여지승람』을 보면 우리나라에는 전국에 약 885개의 정자가 있다고 한다. 그중에 특이해서 시선을 끄는 게 있다. 고려 말 문신이었던 백운거사 이규보의 '사륜정'四輪亭이 바로 그것이다. 그는 술과 시와 거문고를 유달리 좋아해 스스로 '삼혹호'라 칭했다. 그는 정자에다 바퀴를 네 개 달아서 수시로 장소를 옮기면서 자연의 멋을 즐긴 풍류가였다. 그래서 그의 정자를 사륜정이라 했다고 한문수필『사륜정기』는 적고 있다. 풍류도 이만하면 타의 추종을 불허한다. 계절과 자연에 따라 몸을 부려 만끽한 이규보는 백운거사라는 그의 호가 말해주듯 가히 흰 구름처럼 유유자적한 선비임에 틀림없다.

대체적으로 사람이 사는 집이 벌집형 아파트가 된 지는 이미 오래되었다. 벌이 꿀을 위해 노동을 하고 돌아오듯이 현대인들은 대부분 바깥에서 보내고 저녁때가 되어서야 집으로 돌아온다. 벌들의 귀소본능처럼. 꽉 짜인 일상과 팍팍한 노동의 현실에서 욕망을 일으켜 보다 발전적인 삶을 구가하기 위해 오늘도 휴식과 안식은 저만치 밀어놓는다. 그래서 일상에 지친 피로감은 만성이 되어 살과 피와 영혼을 녹진하게 한다. 그러나 우주는 가르치고 있다. 밤의 휴식과 차가운 겨울날의 무위가 낮과 여름의 노동을 풍요롭게 할 수 있다는 점을……

여름 휴가철이 되면 너도나도 산으로 바다로 떠난다. 그전 같으면 텐트와 배낭을 한 짐 짊어지고 발여행을 했겠지만 지금은 자동차가 발이 돼 주는 덕분에 간편하게 출발하면 그만이다. 그리고 펜션을 찾아 일상을 잠시나마 잊고 휴식한다. 펜션은 집 밖에 있는 또 다른 집으로서 그전 같으면 별당이다. 옛날 오죽헌이니 불우헌이니 하는 무슨 무슨 ‘헌’軒이 바로 별당식 휴식공간인 셈인데 지금은 펜션이나 콘도가 그 역할을 대신해 주고 있다. 옛날에는 사적 공간이었던 헌이 지금은 펜션이라는 이름으로 일반 대중들이 공유하고 있다.

정자든 누각이든 펜션이든 결국 이곳은 삶을 덜어내는 공간이다. 걸어온 길에서 과부하가 걸려 덜컹거렸던 부분들을 죄다 덜어내고 깎아내는 시간이 바로 이 별당에서 이루어져야 한다. 일상이라는 시간이 채움의 연속이었다면 별당에 있을 때만이라도 비움을 애써 해야 한다고 생각한다. 그건 한 마디로 자기 안으로의 사색이다. 번다한 현실 속에서 욕망과 이기와 편의를 위해 자신을 세상과 거리 두고 있지는 않았는지. 그리고 나는 얼마나 저 자연의 순리에서 도망쳐 있는지를 가늠해보는 자세가 필요하다.

정자에 오르니 바람 한 올 내 영혼의 솔기를 뜯어내고 지나간다. 별당의 맛은 결국 느낄 수 있는 자만이 누리는 건가.

술의 철학

"한 잔 먹새근여 또 한 잔 먹새근여 꽃꺾어 산놓아 무진무진 먹새근여……" 조선 시대 <사미인곡>, <속미인곡> 등 명품 가사를 남긴 송강 정철의 유명한 사설시조이다. 그 혹은 그가 속한 시대에 술은 풍류의 기본 요소였다. 술과 풍류를 생각하니 내로라하는 술꾼들이 우리 역사에서 줄줄이 떠오른다. 김시습, 임제, 임꺽정, 김삿갓, 대원군 등 조선인을 포함해 가까이는 변영로, 조지훈, 김동리 같은 문인들이 '한술' 했다. 평생을 떠돌며 시와 글로 자신을 위로했던 김시습, 그에게 술은 자신을 버티게 하는 무기였다. 이런 경우는 한둘이 아니겠지만 대개 술은 풍류의 단골 물목이다.

술은 인류의 역사와 맞먹을 정도로 오래되었다. 제례나 의례 때 늘 술이 마련되는 건 신화적 의미를 지니고 있기 때문이다. 음주는 일상의 망각이자 집단적 제의이다. 오늘날 신입생이나 신입사원들에게 술자리를 만들어 술잔을 돌리는 건 이런 집단적 제의라고 할 수 있다. 대개 이런 유는 다른 사람들과의 화합의 의미가 중심에 있다.

원래 술은 신의 소유물이었다. 그리스의 주신 디오니소스는 뉘사 산에서 포도주를 빚어 인간에게 나누어주었다. 인도의 소마신은 감로주를 빚어 역시 인간과 나누었다. 이처럼 술은 신이 만들어 인간에게 하사한 선물이다. 그래서 인간이 신과 만나는 신성한 자리에서는 으레 술이 끼는 걸까? 술은 신과 인간을 연결하는 매개체인 셈이다. 술 없는 제사를 생각할 수 없다. 제례 때 초헌, 아헌, 종헌은 자리한 신에게 술을 올리는 의례를 말한다. 가톨릭 미사 때 신자들이 붉은 포도주를 마시는 건 그리스도와 하나 됨, 즉 신과 인간이 융합됨을 의미하지 않는가.

이처럼 술은 신과 인간을 잇고 인간과 인간을 융합시킨다. 세상과 멀어지고 삶이 남루해질 때 사람은 술을 찾는다. 그래서 오늘날 술은 절망, 불성실, 불건전 등 네거티브 이미지를 동반한다. 모든 게 그렇듯 특히 음주는 절제가 뒤따라야 한다. “술은 들어가고 망신은 나오고”라는 속담은 자칫하면 술로 낭패를 볼 수 있다는 아포리즘이다. 하지만 낭패로만 끝난다면야…… 술로 패가망신하고 건강이 악화되어 도저히 회복 불능의 상태에 놓인다면 이야말로 술은 악마다. 충청도 괴산에 전해오는 술바위 전설은 절제하지 않는 인간에게는 술도 국물도 없음을 말해주고 있다. 세상에 신으로부터 소여되지 않은 게 어디 있으랴만 인간에게 제공된 모든 물색들에 과욕을 부린다면 그건 이미 신의 선물이 아니라 악물로 돌변한다. 이게 술이 주는 모순의 철학이어서 우리네 삶을 애성만성하게 한다.

어느 몽상가는 말한다. 술은 '불타는 물'이라고. 이 모순의 결합. 헌데 따지고 보면 어느 것 하나 모순으로 구성되지 않은 게 없다. 낮과 밤의 하루, 차가움과 뜨거움의 일 년, 인간의 남성성과 여성성…… 물과 불의 결합체인 술 역시 잘 쓰면 삶의 고단함을 씻어주는 청량음료가 되지만 자칫하면 모든 걸 소진시키는 화마로 얼굴을 바꿀 수가 있다. 푸른 대숲에 앉아 술 한 모금으로 청량세계를 꿈꾸면서 넘치지 않는 구푼 철학을 머리 위에 얹어 본다.

숲에 대한 영가

저녁바람이 이따금 불어오는 숲 속을 거닌다. 풀벌레 소리, 이름 모를 산새들 울음소리를 동무 삼아 숲 속에서 나도 한 마리 작은 새가 된다. 도회지에서 느낄 수 없는 청량함이 오감에 부딪혀 들어온다. 계곡물과 산바람이 뒤엉켜 삽상함이 그대로 온몸에 휘감긴다. 숲에는 태곳적 잔재 같은 거, 유년이 있기 전의 원초적인 카오스가 있다. 녹색의 카오스가……

봄의 신록, 가을단풍, 설경 등 계절에 따라 산의 얼굴은 아름답게 변신한다. 하지만 산은 여름이 제격이다. 함초롬히 젖은 녹색의 산림 속에 몸을 묻고 있으면 영혼이 쇄락해진다. 그건 숲이 애당초 나무나 풀들만의 터전이 아니라 살아 있는 자연의 영혼이 깃들었기 때문인지도 모른다. 에머슨은 숲은 영혼의 상징이라고 했다. 문명과 욕망이 뒤엉켜 돌아가는 인간세계에 숲은 우리에게 말없는 향기를 불어준다. 그래서 우리는 흔히 산림욕이라고 하는 걸 즐긴다. 나무가 뿜어내는 향기물질 피톤치드를 마시면 심신이 맑아지고 마음의 안정을 되찾을 수 있기 때문이다. 이처럼 숲은 위로와 안식의 터이며 속세에 찌든 영혼을 정화한다.

문학에서 숲을 배경으로 한 작품은 하늘의 별처럼 많다. 신데렐라는 숲 속에서 마술 할머니의 도움을 받고, 임꺽정은 구월산에서 천출의 한을 갈면서 세상을 바꾸고자 했다. 로빈 후드는 영주의 폭압에 맞서기 위해 잉글랜드 셔우드 숲에 거처를 마련하고 칼날을 벼리었다. 셰익스피어의 <맥베드>에서는 움직이는 숲이 나온다. 맥거프 장군은 권력욕에 눈이 멀어 덩컨 왕을 살해한 맥베드를 타도하기 위해 병사들을 숲으로 위장시킨 것이다. 여기서 '숲'은 단순히 공격 기미를 숨기는 은폐물이 아니라 불의를 징치하는 정화로서의 숲이다. 이와 같이 숲은 타락한 영혼과 세상을 씻어주는 공간적 아이콘이다.

구약성서는 숲으로 들어가는 건 회개의 상징이자 죄를 거부하는 행위라고 말하고 있다. 이런 종교적인 의미는 차치하고라도 숲은 인간의 제반 문제를 해결할 수 있는 공간이며 역동적인 창조력의 원천이다. 시쳇말로 가방 끈이 짧은 장 자크 루소는 교육학의 성서인 『에밀』을 저술했다. 이 역설적인 힘은 어디에서 나오는가? 바로 자연으로 돌아간 루소였기에 가능하지 않았을까? 자연으로서 숲은 루소에게 역동적인 상상력의 원천이었고 사색과 통찰과 발견의 발원지였다. 루소에게 숲과 자연은 곧 마법화된 성지 그 자체였다.

  문명은 숲의 미학적 가치를 다시 환기해야 한다. 『지구를 살리는 7가지 불가사의한 물건들』이라는 책에서 저자는 도서관을 꼽고 있다. 그는 책을 만들기 위해 나무가 잘려 나가 숲이 황폐화되는 것을 경고한다. 도서관을 이용하면 책을 구입하지 않아도 되고 그러면 그만큼 숲이 보호된다는 논리다.

> 그 많은 숲이 땅에서 뿌리 뽑히고
> 학살당하고
> 끝장 나서
> 둘둘 말렸으니
> 그 많은 숲이 희생당한 것은
> 해마다 독자들에게 삼림 벌채의 위험에 대한 주의를 환기시키는
> 수억 장의 신문을 만들 펄프 생산을 위해서라네

  시인 프레베르는 숲을 보호하자고 하면서 훼손하는 아이러니를 이처럼 빈정대고 있다. 숲이 저기 있다. 숲 그늘 아래서 다시 한 번 생각해 볼 일이다. 인간의 숲 속에서 심신이 고단한 우리 영혼의 '회복'은 과연 어디서 이루어지는가를……

도깨비에게 길을 묻다

아지랑이가 찌는 듯하고 장기가 축축하고 침침하여 비가 오기 쉽고 그 산과 바다의 음침한 기운과 초목과 토석의 정기가 훈염하고 이것들의 융결이 변하여 도깨비니 허깨비들이 되니 사람도 귀신도 아니고 저승 것도 이승 것도 아니나 역시 한 물건이다.

정도전의 도깨비에 관한 언급이다. '혹 떼러 갔다가 혹 붙였다.'는 민담이나 '금 방망이 은 방망이' 이야기는 한국인들에게 친숙한 도깨비 설화이다. 이 밖에도 허다한 옛이야기 속에는 도깨비가 자주 등장한다. 그만큼 도깨비는 이야기 세계의 환상을 만들어 주는 주인공이다.

다리가 하나밖에 없는 귀신이라는 뜻으로 독각귀獨脚鬼라고도 하는 도깨비는 15c 문헌에 '돗가비'라고 적혀 있다. 이는 '돗+아비'라는 말인데 이때 '돗'은 능청맞고 수선스럽게 변덕을 부리는 것을 말한다. 하여, '돗아비'는 이러한 존재를 가리킨다. 그래서 그런지 도깨비는 입에 피를 물고 나타나 사람을 해코지하는 사납고 무서운 이미지보다는 장난기 많은 선량한 귀신으로 이야기 속에 자주 등장한다.

바리공주 설화를 보면 무장승이라는 인물이 나온다. 그는 '키가 하늘에 닿을 듯하고 얼굴은 쟁반만 하며 눈은 등잔만 하고 코는 줄병 매달린 것 같으며 손은 소댕만 하고 발은 석 자 세 치'의 형상인 거대한 도깨비다. 바리공주는 무장승과 인연을 맺고 그의 도움으로 그녀의 부모를 환생시킨다. 부모로부터 버림을 받은 바리가 부모를 구할 수 있었던 것은 바로 도깨비의 초월적 힘이 있었기에 가능할 수 있었다.

민간에서 도깨비는 낡고 헌 물건이 도깨비로 변한다는 속신이 있다. 부지깽이나 빨래방망이, 절굿공이, 키, 홍두깨 등이 여자의 생리 때 피가 묻으면 도깨비로 변한다고 한다. 인간사에 오래된 물건에는 사람의 영혼이 깃들고 그 영혼이 생명의 흔적과 결합해 신도 사람도 아닌 제3의 존재로 탄생한다는 것이다. 이로 보면 도깨비는 상상력의 피조물이긴 하지만 사람살이와 동떨어진 존재가 아니다. 말하자면 사람의 기를 많이 받으면 사물이 영물이 된다는 식이다. 그래서인지 우리의 민담에 나오는 도깨비는 사람냄새가 많이 난다. 바리공주를 도와준 거대 도깨비 무장승처럼 초월적인 힘으로 착한 사람을 도와주기도 하고 '혹영감 이야기'에 나오는 도깨비처럼 사악한 인간을 응징하는 도덕적인 면도 있다. 때로는 가난하고 어려운 처지에 있는 사람을 도와주기도 하고 노래와 춤을 즐기는 낭만도 있으며 아이들처럼 장난치기를 좋아하기도 한다.

서양 민담에 자주 등장하는 트릭스터trickster 역시 한국의 도깨비와 비슷한 존재다. 트릭스터도 도깨비처럼 변화무쌍한 초자연적 능력을 보유하고 있으며 장난기가 많다. 심리학자 융에 따르면 트릭스터는 인간의 보편적 심성 중에 장난치기의 무의식적 상징이라고 한다. 상상의 피조물이든 무의식의 한 표상이든 도깨비는 의식세계 너머에 있는 무한한 가능성의 세계를 열어준다.

한류 열풍과 더불어 한국 문화 컨텐츠를 발굴하고 육성하기 위해 학회와 협회가 발족되었다. 한국인의 저변에 면면히 흐르는 친숙한 도깨비를 불러들여 도깨비문화 컨텐츠를 계발함 직도 하다. 성과 폭력으로 정신과 육체를 소비하는 이 시대, 혹 누가 아는가? 장난기 많은 도깨비가 우리에게 새로운 시선을 열어주는 신통력과 신명을 줄 지.

이야기꾼 이야기

'당구삼년작풍월'堂狗三年作風月이라 했던가. "서당 개 삼년이면 풍월을 읊는다"는 속담은 서당에서 울려나오는 낭랑한 강독소리를 들어야 성립되는 말이다. 지금은 침묵 속에서 오로지 글의 내용만을 파악하는 '해독' 위주의 독서가 일반적인 형태가 되어버렸다. 하지만 '서당 개' 속담에서 보듯 옛날의 독서방식은 지금과는 썩 달랐다. 한 마디로 소리 위주의 '강독'이었다.

19c 방각본 한글소설이 출현하기 이전, 민중들은 이야기꾼에 의해 이야기를 접할 수 있었다. 이야기꾼은 강담사, 강창사, 강독사 등으로 불리어 왔다. 강담사는 말 그대로 이야기보따리를 풀어 들려주는 사람이고, 강창사는 판소리꾼이요, 강독사는 책을 읽어 주는 사람이다. 강창사는 이야기에 소리와 창법이라는 음악적 요소를 최

대한 살려 전문 판소리꾼으로 발전해 나갔다. 반면 강창사는 청중에게 맛깔스럽게 들려주는 이야기꾼으로 길을 달리했다.

직업적으로 이야기를 들려주는 전문적인 이야기꾼을 흔히 전기수라고 한다. 그러니까 전기수는 일종의 한 직업꾼으로서 보통명사로 쓰이지만 사실은 고유명사이다. 전기수는, 조수삼의 '기이'에 의하면, 동대문 밖에 살던 사람으로 종로에서 이야기를 들려주고 돈을 받았다고 한다. 얼마나 현장감 있게 잘했는지 이야기를 듣고 있는 한 청중이 이야기에 흥분해 옆에 있던 청중을 칼로 찌른 일도 있었다 한다. 이런 전문적인 이야기꾼은 전기수 외에도 이업복, 이자상 등이 있다. 청중은 이들의 음색, 어조, 낯빛, 억양, 표정, 몸짓 등을 통해 이야기의 의미를 파악한다.

따라서 이야기꾼은 입의 퍼포먼서이자 말 예술가이다. 이야기꾼은 경험의 현장성을 최대한 살리며 이야기 내용을 재현해 전달하는 문학교사이자 연극인이기도 했다. 청중들은 이야기꾼이 풀어내는 이야기를 수용, 비판, 간섭하면서 이야기판은 창조적이고 역동적인 공간으로 바뀌게 된다. 이런 점에서 오늘날까지 전해 내려오는 이야기는 모두 이야기꾼과 청중들이 합작해서 만들어졌고 청중들에 의해 비판적으로 인식, 수용되어 내려온 구비문학의 백미들이라 할 수 있다.

    청중의 개인적 차원에 머물지 않고 국문학 작품으로 발전된 것도
여럿 있다. 이른바 문학의 소재원천이다. 그 가운데 대표적인 것이
연암 박지원의 한문소설을 꼽을 수 있다. 그의 <민옹전>, <허생전>,
<광문자전> 등은 모두 이야기꾼인 강담사의 이야기를 소설화한 명
품들이다. 이는 서구 문학도 마찬가지다. 르네상스 시대 <데카메론>
은 당시의 이야기를 수집한 작품이며 그 유명한 셰익스피어의 희곡
작품들은 유럽 대륙을 떠돌아다니던 설화를 소재원천 삼아 새롭게
지은 것에 다름 아니다. 가령, 북유럽의 설화인 '원 햄릿이야
기'ur-hamlet를 환골탈태시킨 게 바로 <햄릿>이 아니던가.

    오늘날 문학은 해독 위주의 획일적 문자 독서로 그치고 있다. 그
러나 사람과 삶의 생생한 이야기를 전달하는 방식은 문자보다는 말
로 들려주었을 때 더욱 탁월한 효과가 있다. 현장감, 생동감, 사실
감, 역동성 등은 아무래도 살아 있는 언어가 제격이기 때문이다. 현
대는 멋들어진 말 예술가로서 전기수가 출현할 수 없는, '침묵의 소
통' 시대인가?

춘향문화

　춘향이는 한국인의 영원한 프리마돈나다. 사랑을 위해 죽음 앞에서도 의연했던 춘향. 그녀는 분명 우리들에게 매력 있는 인물이다. 그래서 춘향은 설화, 판소리, 소설, 연극, 뮤지컬, 영화, 드라마 등 수많은 매체로 눈부시게 부활하고 있는지도 모른다. 열녀 춘향을 기리기 위해 해마다 사월 초파일 춘향이 탄생일이 되면 전국에서 남원을 찾는다. 아니 정확하게 말하면, 춘향 이야기가 만들어 내는 수많은 문화를 접한다고 하는 게 적절한 말일 듯싶다. 이를 춘향문화라고 칭하자.

　남녀의 애절한 사랑이야기는 아마 세계 어디에나 있을 것이다. 사랑만큼 관심을 갖게 하는 인간사가 또 어디에 있겠는가. 사랑으로 인해 환희와 증오, 희망과 절망이 만들어지기도 하고 사랑 때문에 원망스럽기도 하며 사랑으로 말미암아 원망이 해소되기도 한다. 돌이켜 생각해볼 때, 수많은 생명을 죽음으로 몰아넣었던 그 숱한 전쟁의 역사는 결국 무엇인가? 사랑하는 여인을 소유하기 위한 남성들의 싸움일 뿐이다. 우리는 이를 저 트로이 전쟁에서부터 알 수 있다.

문학과 예술에서도 사랑은 가장 확실한 예술적 테마이다. 종교의 보편적 가치가 지배하던 중세 시대에도 남녀의 어긋난 사랑이야기는 독자에게 심금을 울렸다. 중세 시대 사랑이야기의 백미라 할 수 있는 <트리스탄과 이졸데>, 이루어질 수 없는 아련한 사랑이야기가 그것이다. <트리스탄과 이졸데>가 이루어지지 않은 사랑이라면, 춘향 이야기는 행복한 결말을 보인다. 이념과 계급과 사회구조 그리고 어긋난 운명이 사랑의 방해요소가 된 서구와는 달리 우리의 사랑담은 이를 극복하고 화해동심으로 나아간다. 그래서 춘향 이야기는 신분의 차이를 극복하고 남녀의 사랑을 완결시킨 사랑의 완전판이라 할 수 있다. 춘향 이야기는 시련을 극복하고 사랑을 성취하는 구도이다. 이 점은 고금의 세계역사에서 발견되는 유수한 남녀 사랑담과 공유되는 부분이다. 그래서 춘향 이야기는 세계 보편문화이다.

세계 보편문화로서 소중한 사랑담을 보유하고 있는 우리는 이제 춘향문화를 다양한 관점에서 만들어 가야 한다. 공연문화, 시각문화,

청각문화, 영상문화, 공예문화 등과 더불어 춘향의 정신을 문화 컨텐츠로 기획하는 마인드가 있어야 할 것이다. 뿐만 아니라 <춘향전>에 등장하는 시조와 민요, 잡가와 굿 형식을 이야기 속에 용해시키는 서사 전략을 여러 매체의 스토리텔링storytelling에 적용시킬 방안도 검토할 법하다. 또한 춘향 이야기의 영향을 받은 것으로 유력시 되는 베트남을 비롯한 해외판 춘향 이야기를 비교문화적 관점에서 새로운 문화 컨텐츠로 기획해보는 것도 필요하다.

해마다 여행수지의 적자를 면치 못하는 한국. 한국에 없어서 세계에 나가는 것은 아닐 것이다. 한국을 다시 찾아야 한다. 춘향처럼, 고유의 훌륭한 세계 보편문화를 보유한 입장에서 절실한 건 이를 다양한 관점에서 문화화하는 전략을 짜는 일이다. <흥부전>과 더불어 <춘향전>의 텃밭이 된 남원. 보편문화로서 춘향문화를 어떻게 개별화, 특수화, 차별화할 것인가? 이제 이에 대해 고민할 때다.

한옥에 깃든 아름다움과 철학

　남산골 한옥마을이 내로라하는 정객들의 집들로 이루어졌다면 전주 교동의 한옥마을은 일반 양반들의 집이 주류를 이룬다. 하여, 남산골이 고대광실의 귀족 한옥이라면 전주 교동은 일반 우리들의 삶의 모습이 고스란히 묻어 있다. 또한 교동은 일상적인 삶을 사는 주민들이 실제 솥단지를 걸고 살고 있기 때문에 박물관 한옥이 아닌, 살아 있는 한옥이다. 그래서 이곳을 걷노라면 이중의 즐거움을 느낄 수 있다. 건축미학의 아름다움과 살아 있는 한옥의 예스러운 정취를……

　흔히 한중일 문화를 비교할 때 선線과 형形과 색色으로 나눈다. 중국이 형으로, 일본이 색으로 문화적 특성을 집약할 수 있다면 우리는 단연 선의 아름다움에 있다. 선의 미학은 버선, 한복, 자기, 공

240

예품 등 여러 분야에서 잘 드러나고 있다. 하지만 그 결정체는 한옥이다. 기둥에서 서까래를 타고 팔작지붕으로 이어지는 선의 흐름은 용마루에서 절정을 이룬다. 용마루를 잇는 지붕의 선은 뒷산의 능선을 빼닮았으되 과장되지 않고 그렇다고 옹색한 것도 아니다. 자연을 정복할 듯한 기세로 쭉쭉 솟은 서구의 건축과는 판이하게 다르다. 자연을 닮고 싶어 하는 겸허한 한국인의 심성이 그대로 반영된 게 한옥에 흐르는 선이다. 특히 초가집의 우진각 지붕은 부분적으로는 선이면서 전체적으로는 둥근 모습이어서 그 절묘함으로 말미암아 한국의 미가 선에 있음을 결정적으로 보여주고 있다.

한옥의 선은 자연산하와 관계가 깊다. 한국은 그리 높지 않은 크고 작은 구릉이 많다. 곡선형 한옥 지붕은 물론 도자기나 공예품의 형태나 문양이 구릉을 떠올리는 이유는 우리의 산야를 담아냈기 때문이리라. 야트막한 초가지붕은 마을 뒷산을 이어놓은 듯하고 굴뚝지붕은 앞산 버섯을 닮았다. 이처럼 한옥의 선은 한국의 자연을 불러들인 결과다. 그러므로 한옥은 거스르는 자세를 지양하고 자연과 어우러지게 하려는 생활철학이 반영되어 있다.

세계의 여러 건축 가운데 유독 우리의 한옥이 사계절에 맞게 만들어진 것도 주목할 일이다. 뜨거운 여름날에는 대청마루이면 그만이다. 양쪽으로 트인 대청마루에 죽부인을 안고 누워 있으면 여름나

기는 거뜬하다. 한겨울에 구들에 불을 지펴 온돌을 다습게 덥혀 뜨
끈한 아랫목에 발목을 묻고 있으면 맹추위도 느낄 수 없을 정도다.
여름과 겨울을 한 가옥 속에서 이렇게 해결할 수 있는 건축구조는
세계에서 유례를 찾을 수 없을 만치 독특하다.

춘천에 있는 '김유정 문학관'의 한옥은 '口' 구조형태를 띠고 있
다. 이는 먹을 것이 끊이지 않기를 소원하는 마음에서 만들어진 구
조로 우리 한옥에서 많이 발견된다. 우리의 한옥은 이처럼 형태나
구조, 기능 면에서 소담한 생활철학이 반영된 건물이다. 자연을 거
스르지 않는 심성, 소망이 발원되기를 기원하는 마음이 한옥 한 채
에도 담겨 있는 것이다.

웰빙붐이 일어나면서 한옥들이 살아나고 있다. 반가운 일이다. 거
처는 세계관을 드러낸다. 기왕 한옥을 되살리려면 심미성과 함께 한
옥의 철학을 푯대로 한 삶도 이루어졌으면 싶다. 교동 한옥마을이
새로 정비되고 있다. 진정 살아 있는 한옥이 되기 위해서는 한옥의
철학과 미학 그리고 지혜를 고스란히 불러와야 할 것이다.

가족이라는 이름

　가족이 파괴되고 있다. 핵가족이 되고 벌집처럼 생긴 아파트에 살기 시작한 이래 마을공동체가 해체되더니 이제는 가족마저 위기에 처해 있다. 맞벌이 부부가 늘어나고 생활에 쫓기어 가족과의 시간이 소원했던 지난 한때의 시절이 있었다. 하지만 이제는 경제적인 여유가 생기고 토요일 휴무제가 확산되면서 가족은 다시 견고해질 줄 알았다. 그러나 그렇지가 않다. 여전히 먹고살기 힘든 상황 속에서 맞벌이를 계속해야 하고 인터넷 통신의 일반화로 대화의 상대가 담장 너머에서 존재한다. 그런가 하면 무심한 년, 한심한 년…… 이런 말들이 퍼져 나간다. 남편도 없고 애인도 없으면 무심하고, 남편만 있는 여자는 한심하고…… 세태는 그만큼 가족을 위기로 몰아넣고 있다.

우리에게 가족은 무엇인가? 돈과 각자의 꿈을 위해 가족이 급속
도로 해체되는 마당에 역설적으로 가족을 그리워한다. 참으로 아이
러니가 넘치는 세상이다. 요즘 들어 TV에서는 눈에 띠게 '가족문
제'를 많이 다루고 있다. 다큐나 토크쇼에서 다루는 가족은 결국
'가족 대발견'에 그 초점을 맞추고 있다. 무엇이 가족을 파괴하는
가? 이는 궁극적으로 사람이란 무엇인가라는 철학적 질문에 맥을
잇고 있다.

<물고기의 축제>라는 연극은 재일교포 유미리가 쓴 작품이다. 작
가의 개인적 삶이 적잖게 투사된 이 연극은 해체, 분산된 가족을
안타깝게 생각하던 주인공 후유오가 가족 살해 욕구를 느낀 나머지
결국 자신이 자살한다는 이야기다. 주인공의 자살은 뿔뿔이 흩어졌
던 가족들을 불러 모으게 되고 죽은 자의 일기장이 공개되면서 그
동안 자신들의 삶에서 빠져버린 가족의 소중함을 일깨우게 한다. 죽
은 자가 산 자들을 위로하고 봉합하는 이 슬픈 가족 이야기는 동시
대를 사는 우리들에게, 특히 어긋난 부부관계나 경제적인 문제로 불
거지는 가족의 붕괴가 심심찮게 목격되는 이 상황 속에서 시사하는
점이 적지 않다.

가족이 줄 수 있어야 할 근본적인 만족을, 가족이 공급할 수 없
다는 것이 현대의 어디서나 볼 수 있는 불행이며 불만의 가장 뿌
리 깊은 원인의 하나이다.

현대사회에서 가족의 불모성을 러셀은 이렇게 말하고 있다. 행복은 어디에서 출발하는가? 이는 말할 것도 없이 가족이다. 가족이 세상을 향해 비상하는 발판이요 세상살이에서 지친 심신을 쉬게 하는 둥지다. 그러니 가족이 불온하다면 세상과의 만남도 부실해질 수밖에 없다. 행복은 밖에 있는 게 아니다. 음식을 함께 먹고 잠자리를 함께 하니 가족 구성원은 자연스레 정서적 유대감을 가질 수밖에 없다. 그건 편안함이다.

그런데 가족 구성원이 원수지간인 양 서로 다른 데를 보면서 더러는 아예 포기해버린 채 자신들의 슬픈 운명을 주억거리며 오늘도 하루를 여는 가족이 적지 않다. 부부로 함께 산다는 건 서로 마주 바라보는 게 아니다. 너와 나의 시선이 합일되어 합체인간으로 사는 게 부부가 아니다. 여기에 부부갈등의 씨앗이 배태된다. 어떻게 '나' 아닌 다른 사람을 소유할 수 있겠는가. 나도 나를 완전히 제어하지 못하는 인간조건에서 어찌 부부라는 이름으로 남을 내식으로 요구할 수 있겠는가? 부부는 같은 방향을 함께 바라보는 동지적 관계여야 한다. 너와 나의 존재영역을 간직한 채 서로의 삶을 지켜봐주는 동지, 이것이 부부이고 이럴 때 가족이라는 이름은 아름답게 다가온다. 가뭇없이 시간은 가지만 사람은 한 순간 인생이라는 무대를 훑고 지나가는 배우에 불과하다. 그러니 우리는 삶아있는 동안 열연해야 하지 않겠는가.

까치밥

　‘화반개’華半開라는 말은 꽃이 활짝 핀 것보다는 반절쯤 피었을 때 아름답다는 뜻이다. 그런가 하면 한자성어 중에 과유불급이라는 말도 있다. 이 역시 꽉 채움보다는 다소 부족한 게 좋다는 의미다. 그럼에도 우리는 모든 세상살이가 포만해야 만족을 느낀다. 채우고 또 채우고 한없는 욕망의 파닥거림. 그것은 가득 채움을 향한 몸짓이다. 그러나 탈이 나는 건 부족해서가 아니라 넘쳐서 그렇다.

　세상에서 가장 멀리하고 싶은 암이라는 것도 따지고 보면 과도한 탓에 걸리는 질병이다. 癌은 질병을 뜻하는 ‘疒’ 안에 입 ‘口’가 세 개 있고 그 아래 뫼 ‘山’이 있다. 따라서 암은 산처럼 많이 먹었을 때 걸리는 질병이다. 어디 음식뿐이랴. 산처럼 많은 탐욕심, 산처럼 많은 스트레스를 먹었을 때 암은 고개를 쳐들고 생명을 야금야금

갉아먹기 시작한다. 탐욕과 과도한 스트레스가 암을 유발하는 직접적인 원인이 된다. 그러므로 암은 일종의 심리적인 질병이다. 외상에 의한 질병은 치료로 가능하지만 심리나 환경에서 발생하는 암은 고치기 어렵다. 그러한 마음 씀씀이나 그러한 환경 속에서 오랫동안 깃들여지다 보면 암세포도 지극히 자연스럽게 신체의 한 부위처럼 자라나기 때문이다.

예부터 우리 선조들은 구푼 철학을 강조했다. 꽉 찬 채움이 아니라 구할 정도로 만족하는 삶. 이것이 구푼 철학이다. 과도한 것을 기피하고 덜 채움을 생활화하기 위해 '화반개'니 '과유불급'過猶不及이라는 말을 생의 철학으로 삼았다. 꽃은 덜 핀 것이 좋고 밥이나 술은 부족한 듯 먹어야 하며 과일은 약간 덜 익어야 하며, 말도 하고 싶은 대로 다하지 않고 남겨 놓는 것이 좋다는 것이다.

감나무 우듬지에 매달린 홍시 두어 개 정도는 따지 않고 그대로 남겨 놓는다. 흔히 까치밥이라고 하는 거다. 인간의 소용대로라면 싹쓸이를 해야 할 판이지만 그렇지 않고 남겨둔다. 자연을 위한 배려다. 내가 필요로 한 것이라면 다른 생명들도 필요로 할 테니 그들을 위해 배려하는 것이다. 이것이 구푼 철학의 진정한 의미다. 옛날에는 이같이 타인을 위해 심지어는 다른 자연물을 위해 '나'의 욕망을 절제할 줄 알았다. 그만큼 자연의 순리대로 삶을 경영했다는 이야기다.

　하지만 지금은 어떤가? 욕망이 부풀어 터질 때까지 우리는 집요하게 자신만을 위한다. 심지어는 자신의 편안함을 위해 자식을 버리는 어미가 있는가 하면 재산을 위해 부모나 아내, 남편을 죽이는 파륜도 서슴지 않고 자행되는 세상이다. 모두 다 작은 잇속을 위해, 자신의 포만한 삶을 위해 저지르는 행태다.

　바닷물은 마실수록 갈증이 더 나듯이 재물에 대한 욕심도 부리면 부릴수록 더 갈증이 나게 되어 있다. 가진 자들이 더 무섭다는 말이 여기서 나온 것인지도 모른다. 욕망의 포만을 바라지 말자. 일할 정도 덜 채워진 채 욕망의 문을 닫고 빗장을 걸어두는 게 현명하게 사는 지혜다. 이것이 예부터 내려왔던 선조들의 구푼 철학이다. 여전히 아귀다툼, 소란한 세상이다. 그건 구푼 철학을 멀리 던져 놓은 탓이지 않을까?

조용필과 서태지 그리고
2000년대 대중가요

대중문화를 선도하는 것 가운데 대중가요가 차지하는 비중은 결코 작지 않다. 대중문화가 문화담론의 중심으로 들어온 현재, 대중가요에 대한 학술적 접근을 시도하는 연구서들이 속속들이 발간되고 있다. 유행하는 대중가요를 통해 우리 사회의 대중문화의 특징적 징후를 포착하고 대중사회의 심리적, 정신적 좌표를 찾기 위함이다. 이런 점을 염두에 둔다면 한국의 대중가요사에서 조용필과 서태지만큼 중요한 인물도 없을 듯하다. 이들은 각기 한 시대를 풍미하면서 시대적 특성을 또렷하게 보여준 가수이기 때문이다.

필자가 대학을 다니던 70년대. 그때는 음악다방이 유행했다. 톤이 낮은 장발의 디제이가 뮤직박스 안에서 틀어주는 음악은 청춘의 소리였다. 심지어는 튀김집에서도 디제이가 음악을 틀어주면서 맛깔스런 멘트를 해주던 시절이다. 그 시대 디제이들에 의해 소개되었던 태반의 음악은 팝송이었다. 지금도 이따금씩 흘러간 팝송을 듣고 있노라면 지난 한 시절이 영상처럼 스치곤 한다. 푸른 젊음이 바로 팝송으로 영글어 가던 시절이었기 때문인지도 모른다.

그러나 80년대에 들어 양상은 달라졌다. 조용필의 '창밖의 여자'가 발표되고 나서 팝송에 머리와 가슴을 적셨던 젊은이들은 서서히 조용필 노래에 빠져들기 시작했기 때문이다. 조용필은 이런 점에서 애국자인 셈이다. 외국 팝송이 아닌 국내 가요에 젊은이들이 관심을 갖기 시작하면서 국내음반 판매가 상한가를 올렸기 때문이다.

한 갤럽조사에 따르면 건국 이후 조용필은 최고가수라는 통계가 나왔다. 그가 이 같은 명성을 얻게 된 것은 우연히 아니다. 그의 노래는 트롯과 민요, 포크 등 다양한 양식을 선보이고 있다. 이는 당연히 10대부터 노인층에 이르기까지 다양한 소비자를 끌어 모을 수 있었다. 일제 이후 신민요나 트롯이 대중가요의 주류로 흘러오다가 70년대 양희은, 트윈 폴리오 등의 포크가 등장했다. 그러던 게 80년대에 이르러 다양한 양식이 조용필에 의해 정리되었다. 그에 이르러 대중가요의 스펙트럼은 활짝 펼쳐진 것이다. 가히 조용필은 슈퍼스타였다.

이는 서태지의 경우도 마찬가지다. 90년대의 아이콘으로 부상한 서태지는 음악의 개념을 뒤흔들었다는 점에서 전위가수라 할 수 있다. 기존의 팝송이 백인 중심의 음악이었다면 서태지의 음악은 흑인 음악의 문법에 가깝기 때문이다. 가령 그의 대표곡인 '난 알아요'는 랩에다 헤비메탈 요소와 테크노 뮤직을 섞어 만든 노래다. 말도 아니고 노래도 아닌 웅얼거리는 랩은 빠르고 산문적이어서 전통적인 음악의 언어 율격에서 크게 벗어나고 있다. 거기에다가 헐렁한 골반바지를 걸치고 TV를 향해 저항하는 몸짓이듯 주먹을 쑥쑥 내밀며 자유자재로 춤을 추는 동작, 돌려쓴 모자, 반바지 등은 기존의 두꺼운 질서를 파괴하는 저항의 이미지에 다름 아니다. 바로 신세대 문화의 아이콘이 출현한 것이다. 이는 70년대 헤비 스모크, 장발, 통기타, 생맥주 등으로 상징되는 청년문화와는 다른 이미지였다.

다양한 양식실험이라는 점에서 조용필의 음악이 민주적이라면, 서태지의 경우는 신세대의 솔직한 감성을 터트리며 개성을 강조했다는 점에서 포스트모던하다. 그렇다면 지금 이 시대 대중음악의 아이콘은 무엇일까? 댄스음악 사이로 서태지의 그림자가 여전히 걸어나온다.

아줌마, 제3의 성?

한국의 아줌마들은 칼 루이스보다도 빠르다는 말이 한때 유행한 적이 있었다. 지하철이나 시내버스 빈자리를 차지하는 순발력을 두고 하는 소리다. 뽀글거리는 머리, 몸뻬바지, 수다, 덜렁거리는 팔뚝살, 눈치코치 보지 않는 맹렬한 자기지향성…… 흔히 아줌마를 '3포족'이라고 한다. 자존심과 우아함과 여자이기를 포기하는 기이한 여성들. 이쯤 되면 아줌마에 대한 이미지는 고즈넉한 수줍음이나 세련미, 도시적 감수성 등과는 일찌감치 담을 쌓고 있는 듯하다. 그래서 아줌마를 여성도 남성도 아닌 제3의 성이라 하는가?

'아줌마의 힘', '아줌마가 간다', '아줌마는 나라의 기둥'이라며 아줌마 예찬론이 심심찮게 불거지더니 이제는 아예 인터넷에 아줌마 포털 사이트가 생겨서 둥지를 틀었다. 그러고는 세상을 향해 그들이 살아온 문양들을 쏟아내기 시작했다. 진솔한 그들의 이야기를 듣고 있노라면 너무 적나라해서 낯 붉어질 때가 없지 않다. 그만큼 그들의 언어는 당당하고 삶은 분명하다.

아줌마들의 수다 속에는 세상과 당당히 맞서는 투사의 면모가 있다. 세상의 파도와 마파람을 견디면서 형성된 자생적인 내공인지도 모른다. 그러니 거칠고 투박한 아줌마 이미지는 그토록 지악하게 살아갈 수밖에 없는, 바로 이 세상이 만들어낸 것이 아니겠는가? 한마디로 아줌마가 여성도, 남성도 아닌 제3의 종족이라고 한 데는 여자로서의 '우아한 생활'로는 감당할 수 없는 우리네 삶의 절박함 탓이 크다. 그래서인지 아줌마의 이미지는 일상 속의 전쟁인 '생존'의 상처가 깊게 박혀 있다.

생활이 아닌 생존으로써 땀벌찬 삶과 대립해 세상을 변화시키는 여성들의 이야기는 옛 문학작품에 많이 나온다. 특히 여성의식이 현저하게 강조된 조선 후기에 이르면 주체적인 여성을 주인공으로 한 작품이 대량 등장한다. 그 대표적인 경우가 <이춘풍전>이다. 이 작품에서 춘풍의 처인 김 씨는 헌헌장부이지만 방탕하기 그지없는 남편을 개과천성시키고, 몰락한 가정을 일으켜 세우는 인물로 나온다. 또한 잘 알려진 연암의 소설 <허생전> 역시 허생의 이야기가 주류를 이루지만 사실 이 작품의 스토리를 추동하는 원천적인 힘은 허생의 처로부터 나온다. 만약 그녀가 없었다면 허생은 남산 중턱에서 '자왈'이나 읊는 백면서생을 면치 못할, 무력한 인물 이상이 아니기 때문이다. 춘풍이나 허생의 아내가 보여준 이 모습이 바로 오늘날 아줌마들의 힘의 뿌리이자 정체성의 수원지가 아닐까?

그럼에도 이춘풍이나 허생이라는 남성들에 의해 이들은 주변부로 밀려나 버렸다. 사람은 사람답게 삶은 삶답게 꾸려가려는 그녀들의 각단진 태도야말로 이춘풍이나 허생이라는 인물을 재생시키는 원동력임에도 불구하고 그녀들에게 향하는 작가나 독자의 시선은 미미하기만 할 뿐이다. 이런 의미에서 아줌마들 특유의 말발과 뻔뻔스러운 행동은 자기동일성을 인정하지 않은 우리 사회가 만들어 놓은 '탈여성화' 현상이라 할 수 있다.

능선과 계곡을 애써 인간의 성과 관련지어 말하면 능선은 남성이요 계곡은 여성이다. 굳이 노자까지 들먹이지 않아도, 계곡은 모든 것을 받아주는 포용심 그 자체다. 남성들의 욕망에 의해 패어지고 생채기가 덧난 남편과 가족 그리고 자신의 삶까지 다독거리고 보듬는 계곡의 포용심. 이것이 오늘날 한국 아줌마들 속에 숨어 있는 꽃의 얼굴이 아닐까?

문화적 부족주의|Cultural-tribalism

세상의 질서는 영원하지 않다. 혈연 중심의 부족이나 종족 개념은 이제 탈색되고 취향과 삶의 향유 패턴이 비슷한 사람들로 구성된 이른바 문화적 종족주의가 등장했기 때문이다. 혈연을 무엇보다도 중시하는 한국사회는 가정과 국가만이 존재한다고 극단적으로 말하는 사람들이 적지 않다. 그러나 이는 수정되어야 할 판이다. 앞서도 말했듯, 취향이나 생활 패턴이 비슷한 새로운 종족들이 출현하면서 현대우리 사회는 다양한 계층과 집단이 형성되고 있기 때문이다.

사회학자 브르디외가 말하는 '아비투스'의 개념은 '같은 집단이나 계급구성원 모두에게 공통적인 인지, 개념, 행위의 도식 혹은 내면화된 구조의 주관적이지만 개인적이지 않은 체계'를 뜻한다. 오늘날 문화적 종족주의는 아비투스가 같은 사람들끼리 어울리는 집단주의라고 할 수 있다. 가령, '로하스LOHAS-lifestyle of health and sustainability족'은 '건강과 지속성장성을 추구하는 라이프스타일을 갖는 사람들'을 가리키는 말로, 친환경적이고 합리적인 소비 패턴을 지향하는 사람들을 일컫는 말이다. 말하자면 이들은 웰빙족의 한 유형이라고 할 수 있다.

가령 축구경기 시 서포터즈나 엄지족, 알파걸, 오메가족 등 삶의 스타일이나 문화적 취향이 비슷한 사람들로 구성된 문화적 종족 개념으로 형성되는 현상을 마페졸리는 신부족주의라고 명명하였다. 이같이 현대는 비슷한 가치관을 공유하는 다양한 종족들로 구성된 다문화사회를 이루고 있다.

신은 바벨탑의 다문화주의를 통해 인간세계에 저주를 내렸다. 해서, 다문화주의는 일견 신의 징벌로 여길 수도 있다. 하지만 찬찬히 새겨보면 그렇지가 않다. 왜냐하면 여럿의 문화가 섞어 있을 때 우리는 긴장과 갈등을 유지할 수 있기 때문이다. 문명과 문화의 발전의 동력은 바로 이 긴장과 갈등을 봉합하고 조절해 나가는 과정에서 생긴다. 따라서 다문화주의는 인류의 삶을 보다 풍요롭게 하는 기제인 셈이다. 오늘날은 삶의 스타일이 저마다의 개성과 취향과 기호에 따라 다양해졌으니 그만큼 풍요로운 자산을 보유하고 있는 셈이다. 따라서 문화적 취향을 바탕으로 형성된 고상한 종족이 출현하는 것은 개인적 삶의 스타일이 강조되는 현대사회에서 바람직한 현상일 수 있다.

그런데 어두운 경제현실을 반영한 용어들이 하나의 집단으로 확대해 가면서 건강치 못한 종족들이 늘고 있는 점을 간과해서는 안 될 것 같다. 90년대 초반 경제호황으로 오렌지족이나 야타족이 등장했다. 하지만 이후 아이엠에프를 맞이하면서 동태, 황태, 생태족에 이어 일을 주지 않아 창밖만 멀거니 바라보는 '원도맨'들이 생겨나기 시작했다. 그러더니 이태백, 이구백, 삼태백에 이어 '맞벌이로 피곤해 섹스를 포기하는 부부'라는 뜻의 '딘스족'이 탄생해 힘든 현실을 꾸려 나가고 있다. 우리 경제의 현실을 감내하기에는 너무 벅차 스스로를 자조하는 슬픈 종족들이다. 이들이 늘어나는 것은 그만큼 우리 사회가 살아가기 힘들기 때문이다.

여기저기서 문화를 외쳐대고 있다. 하지만 문화를 내세워 문화적 탈을 내고 있는 현실을 생각해 본다. 신종족의 출현은 순연히 문화의 개성만을 누리는 문화 종족인가를. 또한 이들이 진정 다양한 스타일, 패턴, 가치관을 갖게끔 사회적 장치는 작동되고 있는지를.

검정과 하양

세계영화사에 길이 남을 명작 중 <벤허>를 빼놓을 수가 없을 것이다. 이 영화의 압권은 거대한 원형경기장에서 주인공 벤허와 로마인 멧살라 장군이 벌이는 마차경기다. 이들은 각각 정의와 권력, 선과 악의 상징적 인물로 이들이 타는 마차는 각각 흰말과 검은 말이 끈다. 플라톤의 인간 존재성에 대한 설명이 고스란히 담긴 듯해서 숨 막히는 경주보다는 흰말과 검은 말의 의미가 뇌리에 박힌다. 이들의 경주는 유태인과 로마인의 대결이라기보다는, 플라톤에 의하면, 흰 영혼과 검은 영혼 그러니까 한 개인 내에 두 자아의 대립이라고 볼 수 있다. 흰 것과 검은 것의 상존체가 인간이고 보면 우리는 자신의 운용 여하에 따라 유다 벤허가 되기도 하고 사악한 멧살라가 되기도 한다. 나는 희기도 하고 검기도 한, 모순적인 존재인 셈이다.

기왕 영화 이야기가 나왔으니 하나 더 들어보자. 2차 대전을 배경으로 한 <승리의 탈출>이라는 영화가 있다. 유명한 축구선수 펠레가 출연한 이 영화는 독일군 포로가 된 연합군팀과 독일팀의 축구경기를 보여주고 있다. 이때 연합군팀 유니폼은 흰색이고 독일팀은 검은색이다. 선악의 대결이라는 관점에서 선과 악은 하양과 검정으로 명백히 시각화되어 메시지를 만들어내고 있다.

이처럼 세상은 검거나 희다. 흔히 말하는 흑백논리는 이분법적 대립 세계상을 말할 때 사용하는 언어다. 세상사를 그름과 옳음, 거짓과 진실, 어둠과 밝음 등으로 양분시켜 긍정적인 의미는 하양을, 부정적인 의미는 검정으로 나타낸다. 그래서 세계는 백과 흑으로 대결하고 그 상징적 깃발은 검정과 하양으로 나부낀다.

허나 엄밀히 보면 검정과 하양은 무채색이라는 점에서 그 어느 색보다도 친연성이 있다. 검정과 하양은 색이 아니다. 빛을 받아들이거나 되받거나에 따라 검정과 하양이 결정되는 것일 뿐 순일하게 검정과 하양이 색채적 의미를 띠는 것이 아니다. 그럼에도 우리는 검정과 하양을 원수지간처럼 맞서게 하고 한쪽은 기피와 저주로, 또 다른 쪽은 수용과 환영으로 대하고 있다. 이 모든 현상은 허상의 가짜 이미지가 만들어낸 우리의 인식작용 탓이다.

　뉴톤이 일곱 가지 무지개색을 발견하기 전, 우리는 검정과 하양으로 세상을 보았다. 검정은 그 자체로 모든 색을 포함하고 있기에 문명 이전의 카오스의 세계를 표상한다. 그것은 이성과 비이성이 가름되지 않은 상태이며 생산과 발전의 사유를 함유하고 있는 발전적 카오스이다. 모든 색을 끌어안고 있기에 큰 색이며 분리, 분해, 분석되지 않은 원석이요 통나무이다. 여기에는 무궁한 발전과 성장의 논리가 내재되어 있다. 동양화의 먹색은 그래서 우주만물의 회통함을 드러내는 가장 본질적인 색이자 기호이다.

　우리네 속에, 혹은 세상 도처에서 검정이 휘날린다. 검정을 금기와 타기의 대상이 아닌 무궁한 전회와 발전의 씨앗으로 보는 건 이미 내 안에 하양이 깃들어 있기 때문이다. 먹빛 밤이 지나면 가느다란 새벽 흰빛이 창살에 앉아 아침을 불러와 하루를 완성하지 않는가.

욕망의 실현방식

- 〈 야연 〉과 〈 햄릿 〉의 거리 -

2006년에 개봉된 중국 영화 〈 야연 〉은 여러 모로 〈 햄릿 〉을 닮았다. 우선 절대권력의 공간, 궁궐을 배경으로 삼은 점이나 동생이 형을 독살하고 권좌와 형수를 차지하는 스토리, 아버지의 원수를 갚으려는 아들, 그를 사랑하는 여인 그리고 궁중 신하들의 음모와 욕망을 그려낸 점이 그렇다. 기본 스토리를 비롯해 인물의 설정과 구도, 배경 심지어는 영화 스토리를 끌어가는 핵심적인 포인트가 모두 〈 햄릿 〉의 구도와 정확히 일치하고 있다. 좋게 말하면, 중국적 패러디요 심하게 말하면 스토리의 복사이다. 그러나 그럼에도 불구하고 〈 야연 〉과 〈 햄릿 〉은 거리가 있다. 명품 희곡의 복사판임에도 이것이 〈 야연 〉을 주목케 하는 요인이다.

두 작품은 사랑과 욕망, 음모와 배신, 광기와 죽음 등으로 버무려

졌다는 점에서 공통적이다. 삶이 존속되는 한 인간의 오욕칠정은 언제 어디서나 작동하기 마련이다. 하여 그 욕망 속에서 삶은 도저한 아픔을 만들어 낸다. 그러기에 미적 장치로 의장된 예술이든 일상적 삶을 고스란히 드러내는 막사발 문화이든 삶을 재료로 삼은 예술과 문화는 아픔이 내재되어 있는 것이다. 그러나 아픔만으로는 감동의 아우라가 없다. 험준한 산악을 고통스럽게 타고 올라 정상에 도달했을 때의 환희, 바로 이런 게 예술과 문화 속에는 있어야 하기 때문이다. 그것은 아픔 속에서 피어나는 꽃이리라.

<햄릿>과 <야연>은 바로 이 꽃의 개화방식이 다르다. 도틀어 말해, 서양과 동양의 차이라고 말할 수 있을까? 주지하다시피, <햄릿>은 권력을 위해 근친을 살해하고 상간한, 훼손된 인물에 대한 복수의 스토리다. 따라서 복수의 주체가 되는 햄릿이 주인공이다. 한 마디로 이 작품은 초점화된 주인공을 중심으로 인간사를 성찰케 한다. 작품의 모든 액션은 주인공의 복수에 서사적 방향이 통일된다. 그리고 그건 햄릿의 파토스적인 절규와 독백 그리고 현란한 언어적 수사에서 꽃핀다. 삶에 대한 지적 성찰이 과도한 나머지 행동이 부재한 결정적 흠은 결국 햄릿을 몰락게 한다. 이것이 셰익스피어가 읽어 낸 삶의 비극이다. 아울러 여기서 서양의 개인 중심적 사유를 어렵지 않게 헤아릴 수 있다. 심지어는 비슷한 서사 라인을 보이는 디즈니 애니메이션 〈 라이언 킹 〉에서도 이를 확인할 수 있다.

반면 〈 야연 〉은 오로지 복수 스토리로 전개되지는 않는다. 복수의 번뜩이는 칼날보다는, 둔자의 서정적인 노래와 춤이 지배적인 인상을 준다. 우루 안 왕자의 삶을 주목할 때 복수의 틈을 노리는 햄릿과 달리 우루 안은 현실 밖으로 나가 청량한 대숲 속에서 시와 춤으로 소일한다. 궁궐에서 햄릿이 복수에 미쳐 광기를 뿜어낼 때 우루 안은 한가로이 시와 춤으로 대숲바람 속에서 욕망을 식힌다. 이것이 오리엔탈리즘이다. 난세를 비켜 은둔하는 삶. 그래서 같은 복수 스토리이지만 〈 햄릿 〉과 〈 야연 〉은 거리가 있다.

삶을 살아가는 방식에 동서가 따로 있지 않다. 희노애락애오욕이 범벅된 인간 복잡사. 칡이나 등나무처럼 얽히고 꼬여 애면글면하는 게 우리 인간이다. 그러나 두 영화에서 보여주는 욕망의 해소방식은 썩 다르다. 목적지향의 개인적 성찰이냐 인간의 오욕스러운 일체의 욕망을 자연에 씻어내는 방식이냐. 이 거리가 곧 옥시덴탈리즘과 오리엔탈리즘의 차이가 아닐까.

민요 이야기

한 나라의 민족성을 알려면 민요를 들으라는 말이 있다. 그럴 수밖에 없는 게 민요란 오랜 세월 동안 민중의 삶이 배여 있는 온축된 정서의 발양체이기 때문이다. 푹 곰삭은, 그래서 더 이상 발효할 것도 없는 마지막 진국 같은 거, 이것이 민요다.

민요는 민중의 집단노래로서 처음엔 제의적 주술성이 강한 노래였다. 신을 맞이해 구지봉에서 춤추며 불렀다는 '구지가'가 좋은 본보기다. 그러다가 효율적인 농사일을 위해 작업공동체로 결집된 두레를 통해 민요는 차츰 확산된다. 이른바 노동요이다. 전국 각처에 분포되어 있는 '모찌기 노래', '모심기 노래', '논매기 노래', '달구소리' 등이 이에 해당한다.

전라북도 무형문화재 1호로 지정된 익산지역의 '목발노래'. 이 역시 지게 목발을 두드리며 부르는 노동요이다. 노동이 놀이요 놀이가 곧 노동이라는 상호대체적인 인식이 민요로 나타난 것이다. 또한 사랑과 그리움을 노래한 애정요나 자신의 처지를 한탄하는 자탄요, 시집살이의 고난을 그린 시집살이요. 여기에 '아리랑'이나 '새타령' 같은 타령도 민요에 포함된다.

　　꼬댁각씨 불쌍헌중
　　이방꾼이 다안다네
　　한살먹어 어멈죽고
　　두살먹어 아범죽어
　　세 살먹어 걸음배야
　　네살먹어 말을 배고
　　다섯살 먹어 삼촌네집이 찾어가니
　　삼촌숙모 거동보소
　　불때다말고 부주땡이로 날메치네

이는 '꼬댁각시 노래'이다. 어려서 부모 잃고 삼촌 집에서 크면서 온갖 구박을 다 받다가 시집 또한 가난한 곳으로 가서 고된 시집살이를 하다가 자살을 한다는 비극적인 내용이다. 이 민요는 정월에 부녀자들이 방 안에 둘러앉아 꼬댁각시를 뽑고 나서 노래를 부르면 그녀에게 신이 내려 숨겨 놓은 물건을 찾아내는 행동적 재현을 한다. 일종의 무술놀이인 셈이다.

　민요는 기능에 따라 이처럼 다양하다. 그러나 어떤 유의 것일지라도 우리 민요는 한恨과 흥興의 정감이 있다. 한없이 슬프면서도 신명이 나는 이 모순적 정감. 이것이 한국 민요의 특성이다. 역사적 질곡과 척박한 삶의 환경 속에서도 꿋꿋하게 생명력을 지탱해 왔던 민초들의 노래. 삶이 밀면 밀수록 더욱 악착같이 삶으로 다가섰던 '게사니'들의 노래가 바로 민요인 것이다('게사니'는 거위라는 뜻의 평안도 사투리로, 거위처럼 꽥꽥대며 억척스럽게 산 사람을 지칭한다).

　급격하게 농촌문화가 파괴되고 있다. 농촌문화는 기층문화이자 고향의식 그 자체다. 농촌이 사라지고 그 문화마저 소실되어 버린다면 한국인들은 고향과 고향의식을 잊는 거나 마찬가지다. 이것은 꿈의 상실이요 개인의 신화 시기인 유년기에 대한 기억의 탈색으로 이어져 과거를 몽땅 분실한 것이나 진배없다.

　농촌사회와 유년의 신화시대와 고향의식이 묶어 놓는 한국인의 심성 한복판에 민요가 있다. 그런데 이 민요가 차츰 우리의 일상 뒤로 숨어버리기 시작하더니 이젠 민요 한 가락 듣기가 어렵다. 어지간한 마을마다 노래방이 들어서고 그에 비례해서 농촌의 두레문화가 실종되어가는 요즈음 두레문화의 꽃이라 할 수 있는 민요는 우리의 귓전에서 멀리 있다. 의식, 노동, 유희, 개인적 정감 등 삶의 다양한 방면에서 불렸던 민요. 여전히 우리는 일과 놀이를 날줄과 씨줄로 삼아 오늘을 살아간다. 이것이 민요가 현재에도 존재해야 할 근거다.

만화, 제3의 텍스트

음침한 동굴을 연상시키는 만화가게. 저녁 어스름이 깔린 지 이미 오래건만 만화보기에 몰두해 저녁 밥때를 잊은 적이 한두 번이 아니다. 어린 누이는 신발을 끌고 와 오만 가지 인상을 쓰면서 얼굴을 쓱 내민다. "아버지한테 혼날 줄 알어" 만화보기가 몇 안 되는 실내 유희 중의 하나였던 60~70년대. 만화는 꿈이요 요샛말로 하면 신나는 엔터테인먼트였다. 이제는 태양의 지우개로 지워진 지난 시절의 추억 혹은 각질화되어 버린 기억일 뿐이다. 만화 보는 걸 그때는 어른들이 왜 그토록 싫어했는지.

요새 잘나가는 TV 드라마나 히트를 쳤던 영화는 대부분 만화를 연상시킨다. 뒤집어 말하면 드라마나 영화에 만화적 상상력이 없다면 볼짱 다 본 거다. 시공을 초월한 스토리의 전개, 인물의 표정과 동작이 만화에서나 볼 수 있는 이미지 그대로다. 그러니 만화를 더 이상 저질이라고 평가해서는 안 된다. 이제는 초등학생용 만화 교과서도 등장하는 판이다. 이쯤 되면 만화는 읽어 내야 할 텍스트, 발견해야 할 기호의 독서물이 틀림없다.

만화는 대화와 상황묘사로 전개되는 것이 일반적이다. 대화는 한마디로 구두口頭적 기호이다. 이는 단어의 지시적 의미만 알면 쉽게 이해할 수 있다. 말풍선 안에 들어 있는 언어가 곧 만화의 대사다. 여기까지는 소설읽기와 별반 차이가 없다. 하지만 소설과 달리 만화는 초구두적 기호가 있다. 쉽게 말하면 말하는 이의 강세, 억양, 속도, 웃음 등이 고스란히 전달될 수 있는 언어표현을 구사한다. 예를 들어, 누군가가 꼬집을 때 '꼬집~'이라고 촉각적 언어를 단다. 만화독자는 실감나지 않을 수 없다. 울음소리도 주체에 따라 '엉엉, 우아앙, 흐흐흐, 훌쩍, 찔끔' 등 다양하다. 여기에 인물의 시선방향, 몸짓, 자세, 표정 등 비구두적 기호까지 들어가면 만화만의 쏠쏠한 재미를 만끽하게 된다.

말과 표정이 몽땅 읽어내야 할 대상이라는 점에서 만화는 기호의 덩어리다. 그래서 만화는 눈과 대뇌 외에 열린 감각으로 보아야 제격이다. 눈으로 보고 귀로 들으며 맛이나 냉온감각마저 느낄 수 있는 게 만화이다. 그래서 만화는 독자의 감각적인 상상력이 적극적으로 투입될 수밖에 없다. 독서의 패러다임이 바뀐 요즘. 독자의 적극적인 참여, 즉 독서행위가 곧 창조행위로 연결된다는 프로슈머prosumer의 논리에서 만화나 그림책에 대한 관심이 높아지는 추세는 이런 점에서 당연하다.

그림과 글이 함께 있는 책을 이코노텍스트iconotext라고 한다. 원래 '이코노'는 기호학자 퍼스가 사용한 말로 '도상'이라는 의미다. 이를테면 초상화는 실제인물의 icon이고 컴퓨터 모니터 상단에 떠 있는 작은 그림들도 icon 기호이다. 의미대상과 기호 사이에 고유한 유사성이나 공통적인 특성이 곧 초기 단계의 기호인 icon인 셈이다. 그림책이나 만화는 글과 그림이 나란히 나온다. 이를 읽는 독자는 글과 그림이 연상시키는 상호작용을 통해 이해하고 해석한다. 따라서 글과 그림이 각각 다른 기호로 나타나지만 독자는 이들을 연관시켜 의미의 종합을 이룰 수 있다.

네슬리쉬는 이코노텍스트를 '글과 그림, 그림과 글의 대화'로 파악한다. 전통적인 입장에서는 글에 그림이 딸려 있는 부수적인 것으로 보았다. 하지만 그게 아니라는 것이다. 글은 글대로, 그림은 그림대로 독자성과 정체성을 지니고 있다는 소리다. 따라서 독자는 이들 사이의 상관관계를 따지는 새로운 독법의 필요성을 느끼게 된다. 만화나 그림책이 제3의 텍스트로 불리는 이유가 여기에 있다.

쇄신의 달, 정월

해가 바뀌었다. 그리고 새해 정월의 태양이 둥두렷이 떴다. 새로움을 맞이하면서 누구나 나름대로 가슴속 사연이 시원히 이루어지길 바란다. 시간은 냉정한 걸음으로 지금을 뒤로 한 채 앞으로만 전진한다. 그러나 인생사는 별반 진척되는 게 없기에 정월이면 소원성취 기도를 드린다. 정월의 내면풍경은 그래서 소원성취 발원이 사람마다 가득하고 도처에 그러한 기원이 타오르는 불꽃을 이룬다. 부귀공명이나 출세의 욕망도 있겠지만 대다수는 지극히 낮은 염원, 즉 생물학적인 욕구이다. 좀 더 건강하고 오래 살기를, 보다 편안해지고 힘이 있기를 바란다. 우주창조와 더불어 시간이 시작된 이래, 욕망은 비록 즉각적으로 하늘에 닿지 않더라도 주문으로 혹은 의식적 놀이로 끊임없이 강을 이루며 인류역사와 함께 해 왔다.

욕망에 대한 기원은 신화시대부터 시작되었겠지만 역사라는 시간에서 보면 한 해의 정월이 출발점을 이룬다. 그리고 그 주체는 개별자로서의 한 개인이자 마을공동체 단위로 이루어졌다. '나'와 '우리'가 결코 결별할 수 없는 관계이기에 해의 아침인 정월에 인간욕망의 발현을 기원하는 것이다. 정월은 한 해를 여는 시작으로 성스러운 시간이기 때문이다.

서양에서 정월January은 라틴어 Januarius에서 나왔다. 이는 우리가 잘 알고 있는 야누스 신과 관련이 깊다. 원래 야누스는 문을 지키는 신이다. 그런데 문의 앞뒤를 지키기 위해서는 두 얼굴을 지녀야 했다. 그래서 야누스는 두 얼굴의 소유자, 즉 서로 상반될 때 흔히 사용되고 있다. 야누스는 묵은해를 보내고 새해 정월을 맞이하는 경계에 서 있는 신이다. 야누스의 달 정월은 새 출발의 시발점이된다. 새해 새날, 새로운 출발선상에서 인간은 생기복덕을 기원하기마련이다. 그래서 서양 역시 정월은 신성화된 시간으로 간주된다.

한편 우리는 달의 차고 비움으로 시간이 주기적으로 반복된다는점을 익히 알고 있다. 따라서 정월은 새로운 한 해의 출발이긴 하지만 지나간 일들의 반성을 토대로 출발한다는 점에서 서양의 정월과는 차이가 있다. '쇄신'이라는 말은 묵은 것들의 때를 씻어내어새롭게 한다는 뜻이다. 따라서 이 말은 과거사를 전제로 해야 성립

된다. 우리에게 정월은 전혀 새로운 시간이 아니다. 지난 해를 보내면서 생긴 흠집과 때를 바르게 따져보고 이를 씻어내어 새해를 설계한다. 정월은 바로 이런 점에서 쇄신의 달이기도 하다.

이러한 이유로 미래는 '아직 열리지 않은 불확정한 미지의 시간'이 아니다. 미래는 현재의 앞선 역사이고 현재는 과거가 걸어온 결과물이다. 그래서 시간은 무궁한 영속성을 지니게 된다. "세살 버릇 여든 간다" 이 말의 현재시점은 세 살이지만 이야기의 종결상황은 여든 해를 뛰어넘는다. 자그마치 80년을 짧은 문구로 두르고 있는 셈이다. 현재가 무궁한 시간을 가로질러 먼 미래를 결정한다는 이 속담은 과거나 현재가 미래의 지형도를 그리는 소재가 됨을 말하고 있는 것이다.

새해의 소망을 간직한 정월이다. 소망은 과거와 현재의 결핍을 극복하려는 그 무엇이다. 정월을 맞이해 삶의 뒤안길에 묻힌 결핍과 흉터들을 꺼내어 이를 찬찬히 반성하는 일이야말로 소망성취로 가는 첫걸음이지 않을까 싶다.

'막'의 미학

막사발을 본다. 거칠고 투박해서 요샛말로 세련미라고는 찾아볼 수 없다. 이리저리 뒹굴어 다니는 막사발은 부엌의 천덕꾸러기로 취급되기도 한다. 특별한 용도가 없으니 특별히 사용하지 못할 법도 없다. 밥그릇, 국그릇, 반찬그릇, 술그릇, 찻그릇…… 심지어는 개밥그릇 노릇도 한다. 이리저리 막 사용된다고 해서 막사발인가? 그러고 보니 막걸리, 막말, 막춤, 막가다 등의 용어에서 '막'이 지닌 의미가 쉽사리 떠오른다.

임진왜란을 일본에서는 다완 전쟁이라고 한다. 도자기 때문에 그들은 무지막지한 전란을 일으켰다는 소리다. 사실 그들이 약탈해 간 조선의 도공과 국보급 도자기가 무릇 얼마나 많은가. 일본이 우리의 도자기에 그처럼 열을 올린 건, 그들로서는 도저히 모방할 수 없는 우리만의 도자기 미학이 있기 때문이다. 그건 지극히 자연스러움일 것이다. 『조선과 예술』의 저자이자 일제강점기에 우리 민화와 이름 없는 장인이 빚어낸 도자기에 남다른 애정을 보였던 야나기 무네요시라는 사람이 있다. 그는 우리의 막사발을 두고 "그보다 더 자연스럽게 생긴 그릇이 없다."고 할 정도다.

차갑고 비정한 금속이나 유리의 현란한 그릇이 아닌 흙과 불과 물로 이루어진 막사발. "솜씨는 심성에서 나온다."고 했던가. 고려청자처럼 깔끔하거나 이지적인 귀족적 풍모는 없지만 수더분하고 천진난만하며 구수한 맛이 우러나오는 막사발은 그대로 우리의 심성을 닮았다. 그래서 흙의 온유하며 모성적인 이미지를 살린 막사발은 같은 도자기라 해도 청자나 분청자와는 또 다른 격이 있다.

혹자는 우리의 도자기를 사람의 나이에 비유한 바 있다. 순수한 청자가 10대라면 조선 상감청자는 2, 30대요 분청자는 4, 50대의 완숙미를 보인다고. 그럼 막사발은 어떤가? 굴곡진 인생을 이겨내고 스스로의 뜻이 곧 하늘의 뜻이 되는 인생 칠생의 종심從心에 비유해도 지나친 과장은 아닐 성싶다. 그만큼 막사발의 미학은 기교 끝에 나타나는 단순함과 자연스러움에 있다. 기교와 일체의 인위를 거부하고 우주의 몸인 흙과 물과 불의 원초적인 요소로 빚어냈기 때문이다.

센노 리큐. 그는 일본 다도의 창시자로 알려진 인물이다. 임진왜란을 일으켰던 주범 히데요시의 차 스승이다. 리큐는 히데요시에게 조선에서 가지고 온 막사발 찻잔으로 차를 마실 것을 권했다. 그의 속뜻은 반전과 평화에 있었던 것이다. 히데요시의 야망을 차단하려는 리큐의 뜻을 알아채서 그랬을까. 결국 리큐는 히데요시에 의해 할복 죽음을 맞이하게 된다. 그때 히데요시가 스승의 권유대로 막사발 찻잔을 즐겨 사용했다면 어땠을까? 히데요시는 스승의 말을 혀 이상의 것으로 듣지 않았던 것이다.

막사발을 통해서 우리의 '막' 문화를 생각해 본다. 오늘날 기술정보 시대에 '막' 문화는 낡음, 야만적, 저급스러움, 거칠음, 무기교, 단순성 등으로 치부될 수 있다. 하지만 이런 '막' 문화가 내일을 여는 커튼이다. 피카소가 아프리카 미술에서, 아르낭 아르또가 자바 민속축제에서 그들의 예술적 성과를 이루어 내지 않았던가. 우리의 '막' 문화는 자동화와 기계화로 상징되는 테크놀로지 시대에 비중심 지대일 수도 있다. 하지만 테크놀로지에서 멀어지는 단순함, 여기에서 다시 새로운 미학이 탄생한다. 그건 결국 말로 형언할 수 없는 편안함, 안정감, 자연스러움이다. 총체화된 삶의 모습이 문화다. 그리고 삶은 불편함을 부단히 수선하면서 진행된다. '막' 문화는 이러한 과정 뒤에 만들어진 무질서의 질서이자 복잡성에서 시작된 단순화이다.

오래된 미래, 샤마니카Shamanica

007 영화를 홍보하기 위해 영국 여왕이 직접 나섰다는 보도를 들은 적 있다. 인권의 나라 프랑스의 사르코지 대통령은 강력한 경제력을 위해 주당 최저 노동시간으로 묶어놓았던 35시간을 풀어버렸다. 이들 국가뿐 아니라 세계 모든 나라가 실리를 위해 '체면'과 '현실의 불편'을 뒷전에 두고 있다. 실리는 말 그대로 경제적 풍요로움이다. 그리고 풍요로 가는 길목에 문화가 있다. 우리나라에서도 CT(cultural technology)를 21c 유력한 경제동력으로 삼고 있다. 그렇다면 우리에게 경제력의 원천이 될 만한 문화적 힘은 어디에서 찾을 수 있을까?

범박하게 말하면 문화는 생활과 의식의 총체적 활동을 말한다. 그러나 의미를 좁혀 생각하면 표현과 장식이다. 여기서 표현과 장식은 예술적 의장device으로서의 의미보다는 인간 본능과 관련된다. 사람은 누구나 표현하고 싶은 욕구가 있다. 글쓰기가 가장 전형적인 모습이라고 하지만 옷을 갖춰 입는 거, 말하는 거, 행동하는 거, 심지어는 실내 가구의 배치 등도 표현의 한 방식이다. 그런데 일단 표현된 상태로 사람들은 만족하지 않는다. 왜냐하면 더 멋진 표현을 향한 욕구가 작동하기 때문이다. 보다 멋진 표현은 바로 장식에의 욕구이다. 이것이 발전하여 형식미학을 낳게 되었다. 칸트는 예술의 형식미학을 다음과 같이 말한 바 있다. '예술이 아름다운 건 아름다운 대상을 취해서가 아니라 대상을 아름답게 표현했기 때문'이라고. 문화가 '표현과 장식'이라면 문화란 결국 '의식과 상징'이 기본적으로 내재된 그 무엇이다.

개별 문화로서 한국 문화를 망각하고는 세계 보편문화가 될 수 없다는 사실은 자명하다. 이런 논리에서 한국 문화의 힘은 바로 한국적 의식과 상징에서 나올 수 있다. 아마도 우리 민족의 내면에 도저하게 흐르는 의식 가운데 대표적인 게 샤머니즘이 아닌가 싶다. 물론 이는 종교적 개념은 아니다. 시간과 공간을 공유하면서 삶의 경험을 함께 한 운명공동체로서 민족. 우리에게는 풀어내야 할 내용들이 숱한 역사적 조건 속에서 수두룩하게 만들어졌다. 그것이 바로 우리 민족에게 깔려 있는 의식이다. 샤머니즘은 바로 이 의식을 여러 무술적 행위와 도구와 노래, 춤 등을 통해 드러낸다. 따라서 무가巫歌, 무무巫舞, 무구巫具를 비롯해서 이의 연속과정인 무행舞行 등은 의식을 풀어내는 상징기호인 셈이다.

　상당한 시간이 흘렀다. 서울 '예술의 전당' 뒤 우면산 밑자락. 품위 있는 공연만을 고집했던 예술의 전당인지라 이곳을 찾는 관객들 역시 은근히 우아한 문화적 귀족임을 자부한다. 그런데 한국 공연예술의 전당이라고 할 수 있는 데서 동아시아 샤머니즘 학술대회가 열려 사계가 주목한 바 있었다. 이름하여 샤마니카shamanica. 샤머니즘학science of shamanism이라는 뜻의 신조어이다. 여기서 동아시아의 내로라하는 굿쟁이들이 모여 굿잔치를 벌였다. 고급예술만을 지향했던 '전당'의 입장에서 보면 획기적인 기획이었으니 그만큼 이곳을 사랑하는 애호가들의 반향도 뜨거웠던 것으로 기억된다. 몽골, 티벳, 시베리아, 우리나라 함경도 무당들이 하루 종일 굿판을 열었다. 물매진 언덕바지라 자리는 불편했지만 굿판은 진지했고 관객들은 내내 뜨거운 관심을 보였다. 샤머니즘을 이제 학문과 문화의 시각에서 다시 보자는 생각들이었을 게다. 근대화 프로젝트로 말미암아 버려진 '오래된 미래'를 관객들은 벌써 눈치 챘는지 모를 일이다.

놀이와 일상

　나는 놀 줄을 모른다. 그래서 사실 일상적인 일도 처리가 미숙한 편이다. 개인사적 삶의 흔적은 어제 오늘의 일상이 모여 이루어진다면 나의 삶의 흔적은 미숙함으로 무늬를 그릴 것 같다. 놀 줄을 모르면 한 마디로 외톨이가 되기 쉽다. 요즈음에는 혼자서도 컴퓨터 앞에서 날 새는 줄 모르고 놀지만 원래 놀이는 집단의 형식을 띠기 때문이다. 외로움만이 아니다. 놀이는 공동체 의식의 함양과 함께 창조적 지능이 계발된다는 점에서도 중요하다. 그러니 놀 줄을 모르면 이러한 것들을 잃어버리기 십상이다. 그래서 잘 놀아야 한다. 노상 앉아서 책이나 읽고 있는 백면서생은 고루하기만 하다. ‘노세 노세 젊어서 노세’가 요즘처럼 달리 들릴 때도 없다. 중요한 건 어릴 적부터 놀이문화를 일상에서 접할 수 있어야 한다. 그것도 가급적 많을수록 좋다.

사회학적으로 신분의 상승을 꾀하기 위해서는 '유산과 교육' 이 두 가지 방법 외엔 없다. 유산은 원해서 이루어지는 게 아니다. 시쳇말로 빵빵한 가문에서 태어난 운 좋은 사람이라면 굳이 악착같은 노력 없이도 배부르고 등 따숩게 일생을 살아갈 수 있다. 허지만 작은 국토에 식민지, 해방, 미군정, 전쟁, 군사쿠데타 등 근대기의 우리 형편을 보면 남아 있는 유산이라는 게 얼마나 있을까 싶다. 한 마디로 지금 우리에게 유산은 모두 유산을 남긴 사람들의 피땀 어린 노력의 결과다. 결국 그들은 현장에서 악착같이 배워가면서 유산을 남길 만한 부를 창출할 수 있었다.

사회적 신분상승의 나머지 하나는 '교육'이다. 자신의 배는 비록 주릴망정 자식교육에는 사족을 못 쓰는 우리나라 부모들을 보자. 얼마나 거룩한 희생인가? 고입, 대입은 말할 것도 없고 취학 전 유년기 시절부터 학원 가방을 줄줄이 매달고 아이들의 시간을 교육에 묶어 놓는다. 생존경쟁에서 승리해 지배계층으로 오르려는 신분상승 욕구 때문이다. 교육을 통한 학습. 어쩌면 가장 빠르고 가장 쉽게 도달할 수 있는 신분상승의 길인지 모른다. 그러나 이 방식은 교사에 의해 타율적으로 진행되기 때문에 정작 학습주체자의 주관적 생각이 비집고 들어갈 틈이 없다. 주관이 배제된 객관화된 진리의 맹목적 주입. 이것처럼 위험천만한 일도 없다.

　학습과 교육은 궁극적으로 세계를 이해하고 세계에 대해 자아의 목소리를 들어내는 것을 목적으로 삼는다. 그렇다면 주관이 철저히 배제된 오늘날의 교육환경은 단순히 지식보유자만 양산할 뿐이다. 그 결과 이들이 사회에 나가서 창조적인 삶을 만들어 가기보다는 배운 대로의 지식을 풀어먹는 것으로 그친다. 오늘날을 기술관료 사회라고 말하는 이유가 여기에 있다. 문제의식의 해결보다는 도구적 지식으로 삶을 열어가는 지식기술인일 뿐이다.

　세계문명사를 볼 때 마치 딱따구리처럼, 인류사회에 지혜의 구멍을 뚫은 자들은 창조적 지성을 도구로 삼은 사람들이다. 그리고 그들의 공통점은 풍요로운 놀이문화를 어릴 적부터 향유해 왔다는 사실이다. 드림웍스팀을 이끌며 막강한 부를 창출한 영화 귀재 스필버그의 예만 가지고도 충분히 입증된다. 책만 보는 것으로 학습과 교육의 완성태를 삼지 말아야 한다. 지혜는 나 아닌 타인 그리고 그들의 삶 안에 이미 들어 있다. '세상이 한 권의 책'이라는 세르반테스나 '인간은 신이 쓴 책'이라는 괴테의 말은 오로지 책으로만 승부를 거는 우리 현실에서 책 밖의 일상 그리고 일상을 놀이적 유희로 경영하라는 목소리가 아닐까 싶다.

음악淫惡한 세상, 음악音樂으로 다스려라

　　다섯 살 때 세종으로부터 신동이라는 말을 들어, 그 후 '오세 신동'으로 불리던 매월당 김시습. 그는 가히 국가가 쓸 만한 동량이었다. 하지만 수양의 모반 사건이 있고나서 그는 분세憤世적인 마음을 가슴에 담고 팔도를 유랑하였다. 산야에 떠도는 바람처럼 하늘에 흐르는 구름처럼 정주하지 못하고 세상에 대한 분노를 삭였다. 바르게 돌아가지 않는 세상을 버리고 바르게 돌아가야 할 세상을 가슴에 품으면서 매월당은 술과 시를 벗 삼아 떠돌이 방랑자로 스스로를 던진 불행한 기투자棄投者였다. '서민'敍憫이라는 작품은 그에게 시야말로 마뜩치 않는 세상을 뚫고 나가는 창과 같은 것이라는 생각을 갖게 한다.

　　세상이 내 마음과 서로 어긋나니 시 외에 즐거움이 없구나.
　　心與事相反　除詩無以娛

　김시습의 경우에서 보듯이 예술은 폐쇄된 현실의 지평을 열어준
다. 시가 그렇듯이 음악 역시 그 길을 함께한다. 시의 스승은 현실
이라고 했던 김수영의 말을 환기한다면 음악의 스승은 자연이라고
말할 수 있을 것 같다. 자연의 호흡과 리듬이 곧 음악이다. 장자의
음악관은 바로 여기에 있다. 그는 자연의 온 소리, 온음을 표현하는
것이야말로 음악이라고 단정한다. 이에 반해 유가儒家의 음악론은
다른 편에 서 있다. “마음이 맑아지고 이목이 총명해지고 혈기가
화평해지며 풍속이 바뀌어져 천하가 모두 평안해진다.” 이는 『예기』
의 ‘악기’樂記에 나오는 글이다. 한 마디로 유가에서는 정치교육적
효용성으로의 음악을 강조한다.

　서양의 경우도 비슷하다. 자연에서 수의 질서를 발견한 피타고라
스는 서구 음악사에서 꼭짓점에 놓을 만한 사람이다. 그는 훌륭한
음악이란 우주의 질서와 조화를 존중하는 것이라고 간주했다. 따라
서 그의 우주음악 이론이라는 것도 결국은 장자의 음악관과 동궤
있기는 마찬가지다.

　반면에 플라톤은 인간 중심의 음악을 강조한다. 『국가』에서 그는
“음악적 수련은 다른 수련보다 유력한 수단이다. 왜냐하면 절주와
곡조는 영혼의 내면을 뚫고 들어가 거기서 굳게 정착되어 올바르게
교육받은 사람의 영혼을 우미하게 한다.”고 말한다. 피타고라스와

플라톤의 음악에 대한 관점을 부정하고 나선 아리스토텔레스는 음악에서 예술의 미를 강조해 오늘날 예술로서의 음악이론을 정립한 최초의 인물이다. '자유인의 고상한 향락diagoge'으로서의 음악. 이처럼 그는 음악을 예술적 향유물로 간주하고 있기 때문이다.

시절은 하수상하고 세상이 소란스럽기는 역사의 아침때부터 지금까지 변치 않는 모습일 것이다. 시절과 세상이 매월당의 시구처럼 '나와 동떨어져' 있을 때 우리는 묵직한 머리와 뻐근한 가슴을 녹여 줄 음악을 찾게 된다. 저녁의 노을과 아침녘 동산에 돋는 해를 바라보면서, 혹은 호수에 잔잔히 내리는 연무烟霧의 움직임 속에서 이미 신이 만들어내는 오묘한 음악을 접하고 있는지도 모른다. 하지만 사람들의 욕망과 자본주의의 논리에 치여 한 육신이 아스라이 낮아질 때 듣는 '사람의 음악'은 공자나 플라톤의 목소리처럼 '마음의 평정'을 회복하기에 맞춤하다.

마음이 춥고 헐렁하게 느껴진다면 스트라빈스키의 '봄의 제전'을 들어 볼 일이다. 소란하고 번다한 세상사에 시달릴수록 헨델의 '메시아'를 마음에 심어 볼 일이다. 음악淫惡한 세상에서 우리가 음악을 찾는 건 예술이 삶을 모방하는 게 아니라 삶이 예술을 모방해서 그런가 보다.

시인의 길, 기억과 반성

평소 존경하던 이향아 시인으로부터 엊그제 시집 한 권을 받았다 (이향아 시집 『흐름』, 문학나무, 2007). 알알이 박혀 있는 시의 언어는 단순히 자모음의 결합체가 아니었다. 매운 정신으로 자신을 되돌아보고 길을 여는 거울이자 채찍이었다. 시집 속에 들어 있는 개별 시편들을 잉태하기 위해 시인은 얼마나 숱한 나날을 깔아놓고 정신의 솔기를 뜯어냈을까? 시가 삶에 대한 기억과 반성에 출발한다면 열여섯 권의 시집을 낸 노시인은 얼마나 견고하게 자기관리를 하였을까? 문득 하늘이 부끄러워진다. 오십을 훌쩍 넘어버린 나이에 나는 과연 얼마나 속속들이 들여다보면서 갈기 세워 나를 채찍질하였던가?

땅이 하늘을 낳고 다시 하늘과 땅이 만물을 낳던 까마득한 시간부터 이미 동일성의 미학은 파괴되었는지도 모른다. 산과 강 그리고 풀과 나무는 녹색세계를 만들었지만 인간의 욕망들이 뒤엉킨 적색세계는 항상 위험신호로 빨간 불빛이 점멸한다. 너와 나의 관계미학에는 빗장을 걸어두고 나는 나대로 갈 길을 발 빠르게 간다. 그리고 즐거우면 그만이다. 애써 잃어버리는 진실, 다양하게도 폭발하는 자본에의 욕망, 쾌락으로 탈주하는 도시. 현대의 불모성이다. 거꾸로 선 나무처럼 가공스런 역목逆木의 도치. 이런 환경에서 올곧게 하늘빛을 담아내는 심성은 차라리 국외자로 추방되기 일쑤다.

그러나 세상에는 시인이 존재하지 않는가. 시인은 혀 이상의 의미로 언어를 다스린다. 그래서 잡티 많은 세상에 솎아내야만 하는 것들을 자신에게 가지고 들어와 스스로를 털어낸다. 그래서 시는 수직적 권능보다는 수평적 권능, 들림보다는 스스로의 깨달음에 투족하고 있다. 그리고 그 슬픔은 세상을 지키는 마지막 보루인 양 연민이 되어 자아와 타자 나아가 세계를 본다.

> 대청소를 한다 침실과 욕실과 마루, 현관과 신발장과
> 다용도실이라고 부르는 쓰레기통을 정리한다
> 쓰레기통을 뒤져서 다용도에 지친 인생을 정리한다
> 거기 처박힌 오래된 슬픔을 건져 올리고,
> 눅눅한 그것들을 건초더미처럼 일광에 말린다
> 세상에 슬픔이란 게 있어서 얼마나 다행인가

도저히 나누어 가질 수 없는 슬픔
마주 앉아 대결하는 깊은 슬픔
근원을 알면 무서워지는, 종착을 안다면 허망해지는,
세상에는 오래 오래 뼈로 삭혀야 되는
슬픔이란 것이 있어서 그나마 다행이다
홀로 삭히는 슬픔이 나를 지킨다 (슬픔이 있어 그나마 다행이다)

여기서 슬픔은 타자의 고통과 아픔을 뺏는 '悲'의 마음이다. 그건 내 마음을 주는 '사랑'과는 분명히 다른 색조이다. 용도를 다했거나 수월성이 떨어져 뒷전에 밀려난 사물들에게 향하는 시인의 눈빛은 연민으로 형형하게 타오르고 있다. 하찮은 사물들조차도 시인의 그물에 잡히면 살아서 생명을 얻는다.

각종 욕망의 이데올로기가 뒤엉켜 돌아가는 적색세계. 시가 우리를 지키는 파수꾼이어야 한다는 선언적 명제는 이래서 성립된다. 노시인의 열여섯 번째 시집『흐름』을 읽고 나는 나의 생을 내내 물고 있는 허기를 차라리 감사하게 생각하였다. '덜 찬 현실'의 허기가 없다면 나에게 슬픔은 있기라도 할까?

아리랑, 아리랑 장르

　단일팀이든 각각의 팀이든 국제 경기에서 남북한 선수들이 경기를 할 때마다 우리는 어깨를 껴안고 아리랑을 부르면서 응원을 한다. 이제 아리랑은 남과 북 어디서나 통일을 염원하는 소리이자 한민족 정체성을 알리는 청각기호로 코리아의 국가國歌가 되었다.

　아리랑이라는 말의 기원은 정확하지 않다. 따라서 기원설도 여럿이다. 조선 말기. 어느 갑부집에 '리랑'과 '성부'라는 서로 사랑하는 남녀 머슴이 있었다. 그러던 어느 해, 큰 흉년이 들어 농민들이 봉기하자 리랑이 앞장서 쌀을 빼앗아 농민들에게 나누어주고 갑부를 처단하였다. 관군이 와서 농민을 진압하자 리랑은 도망을 갔는데 이에 성부가 불렀다는, '아, 리랑이여!' 노래가 바로 아리랑이라는 설이 있다. 그런가 하면 거란, 여진족의 망향의 노래라는 설도 있다.

이들은 자신의 본관을 나타날 때 어느 산 아래의 아무개라고 했는데 고향을 뜻하는 이 산 아래를 여진말로 '아린', '알리라'라고 한다. '나의 낭군과 이별한다.'는 뜻의 아리랑我離郞라고도 하고 '생명이랑', '정신이랑'이라는 뜻에서 '알卵이랑', '얼이랑'이 나왔다고도 알려져 있다. 또한 동학혁명 때 발생했다는 설도 있다. 아리랑은 패배가 준 상처를 달래기 위해 널리 퍼진 노래라는 것이다.

기원적 진의야 어찌됐든, 아리랑은 우리 민족의 심성과 정서를 반영한 이미지이자 이데올로기로서 이마골로기imagology가 되었다. 혹자는 "나를 버리고 가시는 임은 십리도 못가서 발병 난다"는 노랫말을 근거로 우리 민족의 공격성과 가학성을 뽑아내기도 하지만 아리랑은 누가 무어라고 해도 민족 심상이 투사된 대표 민요임에는 부정할 수 없다.

20년대 나운규에 의해 영화가 만들어진 이래 조정래의 소설 그리고 앙드레 김의 아리랑 드레스와 윤도현 밴드의 2002 월드컵 응원가에 이르기까지 아리랑은 다양한 가족으로 재탄생되면서 소리문화의 힘을 발휘하였다. 소리영화라 할 수 있는 <서편제>에서는 유봉이 일가가 보따리를 짊어진 채 긴 논두럭길을 내려오면서 진도아리랑을 부르는 장면이 나온다. 롱테이크로 보여주고 있는 이 장면은 우리 민족의 신산스러운 삶의 길고 긴 역사를 시각화한 것이다. 그만치 아리랑은 우리에게 깊게 각인된 민요이자 역사의 내흔이다. 우리는 이 노래를 듣거나 부르면서 풀처럼 가볍고 여리지만 쉬이 꺾이지 않았던 민초들의 얼굴을 보게 된다. 니체가 그랬던가. 음악 속에서 지난 날의 자기 자신의 목소리를 듣는 순간 음악은 우리에게 마술적인 힘으로 다가선다고. 아리랑은 우리의 과거가 고스란히 담겨 있는 즐거움으로서 흥興이자 슬픈 민초들의 눈물걸음이 밴 한恨이기도 하다.

진도, 밀양, 정선 아리랑을 필두로, 해주, 경기, 상주, 영동, 울산, 영암, 청주, 강원, 독도 등 다양한 지역에서 독특하게 불리고 있는 아리랑. 아리랑 장르가 만들어지고 있는 셈이다. 경제력이 만물의 척도가 되어버린 자본주의 시대. 자본에 의해 행복하고 자본에 의해 슬픈 우리네 길목에서 아리랑은 흥으로 한으로 우리를 보다듬는 어머니로서의 신화 이미지를 지니고 있는 듯싶다. 88 올림픽 때 한국 문화 찾기에 골몰했던 서구 언론인들이 찾다 찾다 겨우 발견한 게 보신탕이었다. 매우 한국적이지 않은가. 그만큼 우리는 그들에게 알려줄 국가 문화 이미지가 없었다는 반증이기도 하다. 아리랑 서사敍事를 비롯한 시각, 청각문화로서 아리랑 장르. 한국 문화의 생동한 이미지로 부활해야 할 가장 가까운 지점에 이것이 있다.

문학의 또 다른 진화, 인터넷 소설

인터넷 바다에서 청소년층으로부터 커다란 파고를 일으켰던 당시 18세 여고생 귀여니. 그녀를 아는가. <그놈은 멋있었다>, <도레미파 솔라시도>, <늑대의 유혹> 등은 10대 청소년들 사이에서는 연밭에 연잎 퍼지듯 넓게 번진 귀여니의 인터넷 소설들이다. 이 글들은 하이틴 로맨스로서 솔직한 자기감정과 정서를 버무려 10대의 이야기를 풀어내어 세간의 화제가 되었다. 이미 이론가들에 의해 예견된 바지만, 문학의 전통적인 권위가 증발한 대신 다른 형태로 진화되어 문학은 새로운 자기번식력을 보여주고 있는 셈이다.

인터넷 소설은 인터넷에 연재되는 소설을 말한다. 올려진 글은 실시간으로 독자의 반응을 얻게 되고 경우에 따라서는 독자가 다음 이야기를 끌어가기도 한다. 대개는 로맨스, 판타지, 무협 등의 내용으로 인터넷상에서 인기를 얻게 되면 오프라인에서 출판도 하고 장르 확산도 한다. 영화 <그놈은 멋있었다>, <동갑내기 과외하기>, <엽기적인 그녀> 등이 대표적인 경우이다. 영화뿐 아니라 만화나 게임으로 이어지기도 한다. 일단 인터넷상에서 서사의 힘과 발랄한 상상력만 인정된다면 인터넷 소설은 원 소스 멀티 유즈one source multi use로 나아갈 수 있는 기반이 조성된다. 그래서 방송작가나 만화가들에게 인터넷 소설은 그들의 창작 수원지 역할이 되기도 한다.

10~20대층이 주류를 이루다 보니 N 소설이라고도 하는 인터넷 소설은 좋아하는 인기 연예인이나 스포츠인에 대한 허구와 사실이 결합된 글쓰기, 즉 팬픽panfic으로 시작되었다. 그러다가 차츰 일상적 삶에 판타지적 요소가 결합되어 청소년들의 거침없는 감정표현들이 솔직하게 다루어지고 있다. 그러나 이모티콘과 통신언어 남발 등으로 한글 파괴가 심각하고 삶의 통찰에서 우러나오기보다는 순간적인 감정의 실현이나 일상적으로 잠재된 욕구의 가벼운 폭발 정도에 머무르고 있는 게 대개의 실정이다.

통칭 사이버 문학이라고 하는 인터넷 소설은 일반 소설과는 그 양상이 다르다. 서술텍스트로서 책은 서술의 인과성과 개연성을 유지하면서 직선적인 전개를 그 특징으로 삼는 반면, 사이버 문학은 이에 개의치 않는다. 가상공간의 내부와 외부 모두를 수용하며 현실과 의사현실을 모두 포함하는 글쓰기가 이루어진다. 결국 작가나 독자는 자기동일성을 잃고 생산과 소비에 참여하는 프로슈머prosumer가 된다. 따라서 즉각적인 독자의 참여는 글쓰기에 새로운 자극제가 되기도 한다. 비근한 예가 박범신이 지난 해 '촐라체'라는 산악소설을 인터넷에 연재한 경우를 들 수 있다. 이제 인터넷 소설은 N세대를 넘어 이 시대 보편문화의 장으로 통과입문하고 있는지도 모른다.

인터넷 소설은 기존 글쓰기의 개념과 패턴을 전복시킨다는 점에서 글 문화의 티핑포인트tipping point라고 할 수 있다. 글쓰기란 결국 자기 렌즈에 포착된 인식대상을 인식주체에 의해 굴절시켜 표현하는 것. 그래서 월터 옹은 글쓰기를 유아론唯我論적 작업이라고 하지 않았던가. 이와 달리 인터넷 소설은 작가도 독자도 아닌 상호소통관계에서 참여하고 간섭한다는 점에서 우리는 탈근대에 탈주체적인 삶의 한 방식을 목도하고 있는 것이다.

시선, 본다는 것의 의미

　속담에 몸이 천 냥이면 눈은 구백 냥이라는 말이 있다. 그런가 하면, 백문이 불여일견이라고 해서 어느 것 못지않게 '보는 행위'를 강조한 말도 있다. 성 아우구스티누스는 두 눈이야말로 세계로 들어가는 출입구라고 말한다. 그만큼 인간 감각 중에서 가장 예민하고 중요한 게 바로 시각으로서 '보는 일'이다. 그리고 보면 우리가 사는 것은 보는 것 외엔 아무것도 아니라는 생각도 든다. 시각적 지각행위는 세상을 이해하고 소통하는 첫걸음이기 때문에 '보는 행위'의 능력 여하에 따라 그에 비례해서 세상을 살아가는 게 인간이니 말이다.

　시선, 본다는 것의 의미가 이처럼 중요한 건 각종 볼거리가 폭발적으로 증대되고 있는 현대에 우리가 살고 있기 때문이다. 눈을 뜨는 순간 시계를 만나고 신문과 텔레비전을 만나고 가족의 얼굴을 만나고 커튼 속으로 비집고 들어오는 아침 햇살을 만난다. 삶의 시작이 온통 보는 일에서부터 출발한다. 그뿐인가. 도로의 교통신호등이며 각종 간판이며 컴퓨터 모니터며 모바일 전화번호며 청정한 푸른 하늘이며 연극, 영화, 만화, 도서 등 각종 시각적 텍스트의 이해가 모두 '눈'의 수고로움으로 가능하다.

그러나 보는 것은 단순히 대상의 외양을 바라봄이 아니다. 시각적으로 지각하고 이해하고 반응하는 일련의 심리적 과정이 따른다. 말하자면 '눈'은 세계를 수용하는 패스워드로서 통과언어인 셈이다. 그래서 보는 행위는 인식 행위이자 사고 행위다. 단적으로 '통찰'이나 '관점'이라는 단어만 봐도 그렇다. 봄으로써 인식과 사고가 가능한 것이다. 이로 보면 촉각은 거리가 있는 시각이고 하이데거 말마따나 사고한다는 것은 거리의 가까움으로 들어오는 것인지도 모른다. 인식과 사고를 요구하는 숱한 시각문화 혹은 영상문화를 비주얼 컬처라고 부르자. 디지털 혁명으로 인해 새로운 이미지의 제작, 변형, 기술 능력이 현저하게 높아진 오늘날. 무엇보다도 비주얼 컬처가 문화의 선편을 잡고 있다 해도 지나치지 않다.

교육환경의 확대로 인해 문맹은 현저히 줄어들었다. 이제는 리터럴 리터래시literal literacy, 즉 문자를 통해 서술되는 텍스트 해독력이 아니라 시각적 컨텐츠를 제대로 '보는 능력'을—비주얼 리터래시visual literacy—강화하는 교육 프로그램이 마련되어야 한다. 영국에서는 이미 이를 국정 커리큘럼에 넣고 체계적으로 교육시키고 있다. 그러니 세계적인 디지털 강국인 우리가 뒷짐만 지고 있을 수 없다. 다양하고 현란한 각종 시각적 컨텐츠에 대한 이해 없이는 현대사회에서 방외인의 길을 걸어갈 수밖에 없기 때문이다.

아이디어idea라는 말은 '보다'라는 의미의 그리스어 'dein'에서 나왔다. 그리고 보면 '상상'이라는 말도 마음의 눈으로 어떤 것을 생각해내는 마음의 작용이 아니던가. 보는 행위가 인식과 사고 나아가 상상의 풍요로움과 깊이를 제공하는 원천이다. 심리학자 브루너는 인간의 눈은 700만 종류의 색을 구별할 수 있는 능력이 있다고 한다. 그런데 색에 대해 습관적이고 기계적인 반응만을 보여 시각기능이 떨어졌다고 한다.

사람은 보는 만큼 알고 행동한다고 하지 않던가. 우리의 눈은 천 개의 능력을 가지고 있는데 열 개 혹은 백 개 정도만 작동시키고만다. 감금된 눈의 능력을 해방시킬 자 그 누구인가? 결국 나 자신이다.

탈脫의 시대

- 견고한 모든 것은 대기 속에서 녹아버린다. -

우리는 지금 탈의 시대에 살고 있다. 탈중심, 탈주체, 탈식민주의, 탈구조주의, 탈형이상학, 탈인격화, 탈합리, 탈신비화, 탈민족적, 탈신화론, 탈현대…… 가히 탈을 하지 않으면 탈이라도 날 듯한 형국이다. 과연 무엇을 벗기고 어디로 벗어나야 한다는 말인가? 정치, 경제, 학문, 예술, 문화 등 사회 전방위적으로 진행되고 있는 탈의 현상. 이의 의미는 무엇인가?

이런 현상의 근원지는 철학이다. 니체는 『도덕의 계보』에서 모든 유산으로 물려받은 개념들에 대해 절대적인 회의를 품는다고 역설한 바 있다. 모든 것을 의심하는 것이야말로 멋진 일이라고 한 브레이트의 시 역시 니체의 목소리와 동일하다. 니체의 이러한 전략은 로고스중심주의와 남근중심주의를 비판한 데리다와 장 보드리야르 등으로

298

이동된다. 그래서 견고한 이념과 사상, 절대성을 갖는 형이상학적 진리는 봄날 논갈이를 하듯 뒤엎어졌다.

오랜 세월 동안 남성, 남근, 이성, 빛, 서양, 말, 백인, 정신주의, 근본주의 등을 중심에 두었던 가치틀은 붕괴되고 시선은 그 대응적 관계항들에 쏠리게 되었다. 이른바 중심의 해체에 따른 주변적인 것의 중심화가 이루어진 것이다. 이런 현상을 포스트모더니즘 경향이라고 할 수 있다. 탈식민주의, 페미니즘, 지방자치제, 다문화주의, 문화와 음식, 건물 전용성에서 나타나는 퓨전과 하이브리드 현상, 크로스 오버 음악, 학제 간의 연구, 비교문학과 비교문화의 확산 등은 바로 포스트모더니즘적 현상이라고 할 수 있다. 여성, 흑인, 제3세계, 동양 등 소외 대상은 이제 탈남성, 탈백인, 탈제국주의, 탈서구화되면서 새롭게 부활한 것이다.

이와 같이 탈의 현상은 비판적 뒤집기 작업이다. 따라서 근대적 사고라고 할 수 있는 합리성, 체계성, 전체성, 일의성 등 기존 규범화된 일체의 것은 새로운 시각으로 다시 보는 것이다. 그러나 좀 더 생각해 보면 무조건 다시보기로서 전복만은 아닌 듯싶다. '억압된 것은 귀환하고', '사물이 극에 다다르면 되돌아온다.'는 물극필반物極必返의 원리는 한동안 힘을 가졌던 문화적, 사상적 제도의 일체 것들이 전복되고 역전됨을 말하기 때문이다. 따라서 탈의 현상을 두고 시대적 유행이나 특정 사상의 전개 과정에서 나타나는 사회현상이라고만 단정할 수 없다. 낮과 밤, 추위와 더위가 번갈아 가면서 하루와 한 해를 만들어 가는 게 우주의 리듬이듯이, 세상사 일체가 바로 이 같은 우주적 질서에 의해 돌아가기 때문이다.

흔히 전 지구적 또는 세계화, 세계주의라는 말이 요즘은 봄날의 바람처럼 자주 불어온다. 통신기술의 눈부신 발전에 따른 인터넷 문화는 그야말로 세계를 거미줄처럼 연결시켜 단박에 소통할 수 있게 만들었다. 'WWW'world wide web의 상징은 세계가 거미집처럼 한 울타리 안에 있음을 말해주는 단적인 예다.

모든 것을 탈하고 보자는 건 새로운 것의 추구라는 점에서 권장할 일이다. 하지만 세계의 보편 수준에서 통언어적으로 설명될 수 없다면 모든 탈의 논의는 설득력을 잃게 된다. 다시 말해 제아무리 새로운 것이 등장한다 해도 생명력을 뿜어내지 못한다면 전복과 역전의 논리로서 모든 탈의 논리는 무망한 것이다. 자기결정적 주체도 '탈'해 버리고 자기동일성도 거부하는 탈주체가 되면 도대체 세상은 무엇으로 존재하는가. 탈의 시대에 생각해 볼 문제다.

태극, 역설의 공존

왜 그런지 몰라도 대학 강의실은 태극기가 없다. 국제적인 사고와 감각을 갖는 데 태극기가 주는 수구적, 보수적, 민족적인 이미지가 태클이라도 건단 말인가? 아무튼 대학 강의실만 빼고 초·중·고 교실에는 어디나 태극기 액자가 정면 중앙에 걸려 있다. 그러나 태극에 관한 교육은 눈을 씻고 보아도 없다. 기술낙원technopia으로 가는 시대, 태극교육을 고리타분하고 딱딱한 형이상학이라고 여겨 그럴 수도 있다. 하지만 태극에는 예나 지금은 말할 것도 없이 앞으로도 우리가 살아가는 삶의 근본원리가 들어 있다. 이것이 태극이라는 실체를 가까이 두고 배워야 할 이유다.

서양에서 우주는 universe라고 한다. 자의적으로 보면, 질서만 있는 하나uni의 세계로 서양은 우주를 이해한다. 그러나 과연 그런가?

무질서와 질서가 서로 역동적으로 변화하는 것이 우주이고 삶이며 인간의 실존태이다. 즉 카오스와 코스모스가 엇바뀌면서 코카오스 co-chaos로 존재하는 게 우주이다. 이처럼 변화하는 과정에서 창조성이 만들어진다. 오늘날 우리가 향유하고 있는 문명과 문화는 바로 이 창조성이 낳은 아들들이 아니던가.

한편, 동양에서 태극은 역易의 원리로 파악한다. 역은 변역變易이다. 이 역시 '변화'에 태극의 으뜸원리를 둔다. 태극은 움직임陽과 고요함陰의 부단한 상호작용이다. 작용과 반작용, 자극과 반응, 움직임과 고요함의 공존이 태극의 원리다. 그러므로 죽음이라는 것도 형태의 변화이자 사물의 변화과정일 뿐이지 존재의 무화無化가 아니다.

태극교육을 도외시하는 데는 앞서 말한 대로 기술시대에 별무 소용한 형이상학이라고 치부하는 잘못된 인식 때문이다. 그러나 과연 태극이 구름 위의 형이상학으로 존재하는가? 그렇지 않다. 중국의 태극권을 보라. 태극을 어떤 현상에 대한 원리와 작용으로 본 중국인들은 태극의 이론을 무술에 접목시킨 태극권으로 건강을 다지고 있지 않은가.

그러나 우리에게 태극은 비인간지대에 있다. 태극은 음양이 서로 조화를 이루며 끊임없이 변화하는 원리가 내재되어 있다. 이 점을 본다면 인간은 태극의 화신이라고 할 수 있다. 사람의 몸은 끊임없이 움직이면서 변화하고 또 창조하는 가운데 신체 각 기관이 서로 관계성을 맺고 온전한 생명을 유지하고 있기 때문이다.

한낱 술에도 태극이 있다. 물과 불, 이 사귈 수 없는 비각관계가 술이라는 하나를 이루면서 존재한다. 어디 그뿐이랴. 인간이 그럴진대 우주만물이 모두 이 같은 두 개념들이 상호 간섭과 통일을 이루면서 존재한다. 복잡한 사상과 이론 그리고 현란한 기술문명의 테크놀로지에 질식될 만큼 복잡다기한 현대사회. 이 속에서 살아남기 위해 현대인들은 부단히 생존의 법칙을 만들기에 골몰한다. 하지만 태극이 우주와 인간의 근본원리라는 사실을 확실히 인식한다면 마음의 조화를 찾을 수 있을 것이다. 그것은 한 마디로 평화이다. '나'我와 '나 아닌 것'非我, 이 역설의 공존을 인정하는 순간 반목과 상극에서 통일과 상생을 모색할 수 있기 때문이다. 야마또大和가 일본을, 중화中和가 중국의 대표 정신이라면 우리에겐 태극이 어떨까?

낮이 슬슬 자리를 내주자 밤이 창문께에 서성인다. 지난 겨울의 추위도 어느덧 봄옷으로 갈아입고 이 대지에 향기를 뿌린다. 이처럼 대자연은 낮과 밤 그리고 겨울과 봄이 스스로를 자랑하지 않고 서로 어깨를 겯고서 걸어가고 있다. 태극처럼 역설적 공존방식으로……

라디오 예찬

현대사회를 비주얼visual 시대라고 한다. 모든 대상은 눈으로 확인되고 평가되며 가치화된다. 심지어는 얼짱이니 몸짱이니 하면서 사람의 몸마저 비주얼적 가치를 따진다. 사람도 디자인하고 도시도 디자인하고 음식도 시각적으로 정갈하게 디자인되어 나와야 상품성이 높다고 한다. 하기야 보기 좋은 떡이 먹기도 좋다고 했으니 이 정도 해서 말 마투리를 남겨야 하겠다. 어찌됐든 시각적인 삶으로 쏜살같이 함몰되어 가는 시대에 라디오의 미학을 떠올리는 건 시대의 역류이며 비주얼 주류문화에서 역주행하는 걸까?

불을 켜기엔 아직 견딜 만하고 그러고 있자니 사위四圍가 어둑시니해서 사물의 분간이 어렴풋한 초저녁. 라디오에서 흘러나오는 연속방송극에 귀를 쫑긋 세우고 상상의 갈기를 세워본 경험이 있다면

304

라디오의 추억은 결코 고루하지 않다. 하긴 그 시절에는 딱히 볼 만한 것도 없었다. 지금같이 텔레비전이나 컴퓨터, pmp 등 시각미디어가 있는 시절도 아닌 터라 저녁 밥때가 다 되어 집으로 들어오면 유일한 즐거움이 라디오 옆에 앉아 소리를 듣는 것이었다. 기막힌 건 음향효과까지 내어 가면서 등골을 오싹하게 했던 '전설 따라 삼천리'였다. 그때 라디오 소리는 단순한 소리가 아니라 영화관 스크린처럼 움직이는 그림이자 거대한 판타지 영상으로 뇌의 화면에 자리 잡았다. 눈보다는 귀가 뇌에서 더 먼 거리에 있어서 그럴까? 귀가 눈보다 다소 먼 회로라서 그런지 몰라도 라디오 소리는 훨씬 풍요롭게 상상의 세계로 안내하는 가이드였다. 라디오 소리가 발생시키는 환상세계는 초저녁 어둠을 소멸시키고 주변을 온통 거대한 스크린으로 만들어 그 속으로 우리를 초대하곤 했다.

비주얼 시대로 진입하면서 '귀 문화'의 총아였던 라디오가 한물간 듯한 느낌이 든다. 그러나 뜨고 진다고 생각하는 건 한낱 착각일 뿐, 대상을 전력투구 사랑한다면 '지는' 것은 결코 없다. "사랑하는 것을 빛내기 위해서는 자신을 걸레로 쓸 수밖에 없다."는 마다카스카르의 속담을 기억한다면 말이다.

라디오 방송을 소재로 한 영화 〈라디오 스타〉가 이를 보여준다. 영화에서 주인공은 한때 잘 나가던 가수였다. 하지만 저 지난 한때는 한철일 뿐 영원할 수 없는 일. 그는 호젓한 시골 방송국의 음악 디제이를 맡게 된다. 그리고 가요계에서 뒷전으로 밀려난 자신의 처지를 냉소하면서 내팽개친다. 그러던 중 라디오만의 쏠쏠한 재미를 시나브로 경험하면서 주인공은 디제이 스타로 부상하게 된다. 사람이 됐건 라디오가 됐건 설령 스타로서 한물갔다 해도 그 세계에서 최선을 다하면 사람은 말할 것도 없고 라디오 역시 스타가 될 수 있다는 사실을 이 영화는 말하고 있는 걸까?

마셜 맥루한의 라디오에 대한 문화적 접근은 특이하다. 그는 라디오 소리를 '부족의 큰 북이나 뿔피리'로 비유한다. 옛날 부족들이 큰 북이나 뿔피리를 통해 서로 소통하면서 하나의 세계를 구축했듯이 오늘날은 라디오가 그 역할을 대신한다는 것이다. 일리가 있는 말이다. 라디오는 근대 이후 깨져버린 집단주의와 전체주의를 다시 결속시키는 매개물로 등장하였다. 라디오의 이 같은 재부족화는 고대의 잔재가 무의식적으로 살아난 '고대의 힘'이라고 맥루한을 설명을 덧붙인다. 하긴 히틀러나 일본 천왕이 병사들에게 집단 오르지orgy를 일으키게 하는 데 라디오가 없었다면 어땠을까?

땅거미가 내리는 저녁. 퇴근길을 걱정하면서 교통방송 라디오를 켠다. 교통상황, 날씨 그리고 헨델의 사라방드가 나온다. 일상에 함몰된 내가 퍼뜩 눈을 뜬다. 이만한 협력자도 없다.

알파걸의 탄생

언제인가 미국 타임즈에 '한국인이 몰려온다'는 제목이 표지에 나온 적 있었다. 한국 경제의 도약을, 좀 심하게 말하면, 그들 특유의 호들갑을 떨면서 그렇게 표현했을 뿐 한국인들의 자랑스러운 근면성을 칭찬하는 말이 아니었다. 어찌됐든 한국인들은 약진했다. 개미처럼 허리를 졸라매며 시간과 몸을 애오라지 '잘 살아 보기' 위해 던졌다. 그 결과 경제는 커졌고 그에 비례해서 의식도 자랐다.

남성과 여성이 평등화된 사회로 진입하면서 여성들의 사회적 약진이 두드러졌다. 사회 각계 방면에서 여성들이 차지하고 있는 사회적 비중은 남성의 그것에 비해 결코 작지 않다. 뿐만 아니라 성차에 따른 직업관도 달라졌다. 군인, 경찰, 조종사, 경호원 등 과거 남성의 성채 안에 있었던 직업군에 여성들이 진입했으며 남성 역시 마찬가지다. 여성 고유의 직업이었던 간호사나 요리사로 남성들이 얼굴을 내밀었다.

성性은 파괴되지 않았지만 성차에 따른 분리된 직업의식은 허물어졌다. 그리고 한국 여성들이 지닌 특유의 폭발력은 그들의 직장에서도 유감없이 발휘되고 있다. 그래서 경제력이 남성보다 월등한 여성들이 늘어나고 이에 따라 소비문화를 비롯하여 라이프스타일도 판도가 변하기 시작했다. 이름하여 알파걸alpha girl의 탄생이다.

흔히 직장여성을 골드 미스gold miss와 실버 미스silver miss로 부른다. 골드 미스는 말 그대로 황금처럼 번쩍거리는 생활을 하는 직장여성을 말한다. 그러기 위해서는 돈과 지위가 있어야 하겠지만 근본적으로는 능력이 남달라야 한다. 대개 30대 이상 40대 미만의 미혼여성으로 학력이 높고 사회적, 경제적 여유를 가지고 있는 계층이 여기에 속한다. 이들은 자기성취욕이 높으며 부지런히 자기계발에 몰두하다 보니 자연 결혼이 늦춰져 미혼이 많다. 이러한 골드 미스를 이른바 알파걸이라고 한다. 경제적 여유가 있기 때문에 이들을 주 고객층으로 한 업체들이 시나브로 늘기 시작했다. 그래서 알파걸은 본인들 스스로가 만든 말이 아니라 이들을 띄워서 경제효과를 극대화하려는 시장경제가 탄생시킨 새로운 종족이 된 셈이다. 한술 더 떠, 능력도 없으면서 주변사람들 덕에 호화사치를 누리는 된장녀

마저도 알파걸 종족에 끼워 넣고 상품 판매에 열을 올리고 있다.

하지만 알파걸을 꼭 고급 소비층인 골드 미스만으로 국한해서는 안 된다. 나이와 경제력 그리고 사회적 신분을 떠나 여성으로서 슈퍼우먼의 파워를 유감없이 발휘한다면 기꺼이 알파걸의 명예를 씌워줘야 마땅하다. 자신의 길에서 최선을 다하고 최고에 올라 명예로운 이름을 세상에 드러내는 삶. 여기에 세상은 찬사를 보내줘야 한다. 루비이똥 가방에 번쩍거리는 액세서리를 걸치고 샤넬 향수를 풍기며 스타벅스 커피점에 앉아 한가롭게 담소를 나누는 CEO, 유명 디자이너, 고급 공무원…… 이런 사람들만이 알파걸 종족이라고 할 순 없다. 샤넬 향수보다도 더 진득하고 편안한 초록 풀잎냄새가 풀풀 나는 평범한 사람도 자신을 위해 최선과 최고의 모습으로 주체를 세워 나간다면 단연 돋보이는 으뜸 인간이 될 자격이 있다.

알파걸의 탄생으로 인한 여가와 소비 등 새로운 종족문화는 별나라의 이야기가 아닌 동시대의 현상일 따름이다. 그리고 이들은 남몰래 흐르는 눈물을 닦아가며 노력한 결과로 으뜸인간이 되었다. 따라서 이를 뒷짐 지고 동경하기보다는 자신을 가꾸고 계발하는 시간을 경영하면서 현명하게 자기관리로 들어가는 것, 바로 이것이 으뜸인간을 만든다.

家를 생각한다

가정, 가족, 가문, 가계, 가업, 국가, 작가, 화가, 음악가, 조각가, 예술가, 정치가, 전문가…… 우리말에서 家처럼 많이 사용되는 경우도 흔치 않다. 원래 家는 혈연적으로 나와 연관된 부모, 형제자매들의 공동체를 말하지만 전문성을 띤 사람도 붙이고 심지어는 나라를 하나의 가족이라는 개념으로 상정해 국가라고도 한다. 그리고 이것을 극단적으로 이데올로기화한 것이 바로 충효이다. 가효국충家孝國忠, 이는 조선의 정신적 척추였다. 나아가 이는 근대 이후에도 교묘하게 지배이데올로기로 변형되어 내려왔다. 그래서 우리나라는 가족과 국가 외에는 없다는 말도 나온다. 그러나 가족이 빠진 국가가 과연 존립할 수 있는가?

家는 갓머리宀에 돼지 시豕를 붙여 만들어진 회의문자會意文字이다. 수혈식 집을 짓고 살던 옛날에는 울타리 안에 돼지를 키웠다. 이유는 집 안으로 들어와 위해를 가하는 독사를 돼지가 잡아먹게 했기 때문이다. 그래서 집이란 뜻宀과 돼지豕라는 글자가 결합해서 家가 되었다. 이로 보면 家의 태생적 의미는 위해요소를 제거하기 위해 대응하는 공동체 정도로 파악해도 큰 무리는 없을 듯하다. 여기에서 알 수 있는 사실은 과거에는 가족의 스트레스 요인이 외부에서 왔다는 점이다. 이는 지금도 마찬가지다. 사회경제적 구조 불안으로 인한 경제궁핍, 전쟁, 재해, 급작스런 사망이나 질병, 실직 등 외부 요인이 여전히 가족 스트레스를 발생시키기 때문이다.

하지만 더 지독한 독사는 집안에 있다. 사회가 발 빠르게 변화되는 환경 속에서 적응하지 못하는 가족 구성원의 심리적 갈등과 스트레스, 혼인, 첫 자녀 출산, 다양한 가족의례행사, 사춘기 자녀와의 갈등, 가족 부양자의 정년퇴임…… 여기에다가 부부갈등, 세대갈등…… 또한 노인 독거, 노부부, 편부모, 맞벌이, 재혼, 소년소녀 등의 다양한 가족 형태는 그만큼 다양한 가족 스트레스를 만들고 있다. 이제 이런 현상을 개개 집안의 문제이고 프라이버시 침해라며 눈 밖에 둘 수는 없다. 큰 틀에서 사회적 간섭과 정돈이 필요하지 않나 싶다.

외부건 내부건 가족을 위태롭게 만드는 데 악惡과 차악次惡이 따로 없다. 아버지의 언어가 규범이 되고 어머니의 언어가 용서와 화해 그리고 사랑의 방식으로 사회화된다는 프로이트의 말을 경청하면 자못 심각해진다. 가족의 해체와 파괴는 당대에만 그치는 게 아니라 대를 물려 고통의 사슬을 잇게 하기 때문이다. 모방본능이 충동해서 학습의 첫걸음을 떼는 유아기에 건전한 가정문화가 얼마나 중요한지는 새삼 말할 필요도 없다.

독일 사회학자인 울리히 벡은 사회가 생존과 발전을 지속시키기 위해 체계적으로 작동해 가는 과정에서 불가피하게 위험을 발생시켜 개인들이 위험 부담을 안고 살아가는 '위험 사회'를 경고했지만 그건 한 다리 건넌 이야기다. 문제의 심각성은 1차 사회단위이자 삶의 근간이 되는 가족이 붕괴, 해체, 파괴되어 '위험 가정'이 갈수록 늘어나는 추세에 있다는 점이다.

독사 위험을 돼지로 대응했던 고대사회의 지혜를 다시 보자. 외부든 내부든 가족을 위협하는 요인을 가족 구성원이 발 벗고 나서서 해결하려는 의지와 노력이 절대적으로 필요하다. 나부터 나의 입장에서 I message가 아닌 너의 소리 You message를 경청할 때 비로소 가족과 세상은 나를 보기 시작할 것이다.

백수광부와 디오니소스

고조선의 노래인 <공무도하가>를 보면 백수광부가 나온다. 흰머리를 풀어헤치고 술병을 든 채 강 속으로 들어갔다는 백수광부. 그런 남편을 뒤따라오던 아내 여옥이 슬픈 가락에 실어 노래를 했는데 이것이 곧 <공무도하가>이다. 이 한역가漢譯歌를 여옥 혹은 마을에서 노래를 잘 하기로 소문난 여용이 공후인이라는 악기를 타며 부른 노랫말로만 기억한다. 하지만 백수광부의 존재에 대해서 새삼 생각해 볼 일이다. 그는 문헌에 등장하는 최초의 술꾼이었다. 말하자면 백수광부는 희랍의 디오니소스와 맞먹을 위치라고 한다면 지나친 억견일까?

희랍의 디오니소스는 황홀경, 광기, 열정, 본능, 야성 등의 특성을 나타내는 술의 신이다. 니체는 그의 유명한 책 『비극의 탄생』에서 그리스의 조각과 음악을 대비하면서 아폴로적인 것과 디오니소스적인 것을 발견했다. 아름다운 신 아폴로의 속성으로 그리스 조형예술의 절제미학을 찾은 반면 본능적이고 야성적인 충동을 디오니소스적이라 하고 음악 양식이 바로 이 특성에서 나왔다고 하였다. 문화는 아폴로적인 것과 디오니소스적인 것이 상호 갈등하고 결합하는 과정에서 발생한다면서 사람도 아폴로적인 유형과 디오니소스적인 유형으로 나누고 있다. 도틀어 말하면, 학문과 같은 엄격한 이성적 활동은 아폴로적인 특성이고 열정과 광기와 충동의 심리가 작동하는 예술 창작은 디오니소스적인 특성이라는 주장이다.

백수광부가 왜 미친 자가 되어 강물에 빠졌는지. 여기에는 필시 그럴 만한 사연이 있는 것은 아닐까? 그는 사실 미쳤다기보다 자기도취 혹은 광기와 충동적 특성이 남보다 강한, 희랍의 디오니소스와 같은 존재이지 않았을까? 까마득한 고조선 시대는 아직 역사의 지평이 열리지 않은 신화시대라고 할 수 있다. 이 시기는 일종의 카오스적 상태이기 때문에 언어와 이성으로 명쾌하게 논리화되지 않았으니 사유의 체계가 정립되었다고 볼 수 없다.

이런 신화적인 세계가 지속되는 가운데 인간의 생존에 걸림돌이 되는 현실적인 문제가 불거지기 시작했다고 가정해 보자. 가령, 다른 종족의 침범이랄지 혹심한 가뭄이나 장마 등 자연재앙이 왔다고 치면 이를 적극적으로 대처할 '현실적인 인간'의 목소리가 점차 세력을 얻게 될 것이다. 그래서 많은 사람들이 동조하게 되면 자연스럽게 술과 음악과 환몽 상태에 있는 신화적인 인물 백수광부는 존재의 빛을 상실할 것이다. 결국 백수광부의 죽음은 신화와 역사 시대의 경계에서 불가피하게 결행된 비극적 사건이다. 새것에 의해 어쩔 수 없이 옛것은 밀려날 수밖에 없는 법, 이런 의미에서 백수광부는 밀려난 옛것으로서 비극의 희생자인 셈이다. 디오니소스적인 발상으로 백수광부의 존재를 접근해 본 소리다.

이처럼 한역가 한 수를 두고 상상하게 되면 보이지 않던 신화세계가 열리게 된다. 디오니소스 축제, 디오니소스 극장, 디오니소스적 특성으로 만들어진 서구 음악. 나아가 서구 예술의 발원지이자 인간 유형의 근원적 모델이 된 디오니소스. 신화적 존재인 디오니소스가 서구 예술에 지대한 영향을 미쳤듯이, 우리 정신과 문화의 원형적 한 형태를 백수광부를 통해서 볼 수 있지 않을까? 디오니소스를 벤치마킹해서 우리의 신화를 불러보았다.

까르페 디엠carpe diem

　판소리를 본격적으로 하기 전에 목 푸는 소리를 단가라고 한다. 이 단가 중에 '사철가'를 보면 인생은 허무하니 삶을 즐기자는 대목이 나온다. 하긴 그렇다. 백 년도 못 사는 인생인데 보다 나은 미래를 위해 현재의 즐거움을 유예 혹은 감금시킨 채 일에 몰두하는 게 일반적인 삶의 모습이다. 일과 노동으로 심신이 지치고 녹진하지만 내일의 풍요와 행복을 기대하면서 오늘의 피곤함을 애써 저축한다. 노동으로 오늘은 비록 풍찬노숙이지만 내일의 금수강산을 위해 인간의 본질인 쾌락 추구는 잠시 유보한다. 시지프스는 그렇게 날마다 바위덩이를 짊어진 채 새벽을 열고 황혼을 닫는다.

　하지만 낱낱의 점點들이 실팍하지 않다면 직선 역시 뚜렷하지 않는 법이다. 이건 시간의 흐름에서도 마찬가지다. 다시 말해 현재가 없다면 미래 역시 존재하지 않는다. 그러니 현재가 즐겁지 않으면 미래 역시 즐거움은 있을 수 없다. 그래서 소중한 건 지금 현재이고 그 현재를 다스리는 나의 몸과 마음이다. 그래서 예부터 신외무물身外無物이라고 하지 않았던가. 쾌락 추구의 주체는 말할 나위 없이 몸과 마음이지만 추구하는 유형은 바다의 동서가 썩 달랐다.

희랍 시대부터 서구 문학의 오랜 주제였던 '까르페 디엠'은 현세를 즐기자는 뜻이다. 이는 '오늘을 붙잡아라'seize the day라는 의미다. 이 말이 라틴 시인 호레이스의 시에 등장한 이래 영화 <후크선장>과 <죽은 시인의 사회> 등에서 대사로 나오는가 하면 셰익스피어의 희곡 <십이야>, 영국 빅토리아 시대 시인 테니슨과 로버트 프루스트의 시 등 문학과 예술에서 숱하게 발견된다. 그만큼 서구인들은 현세주의적 인생관을 몸에 두르고 사는 셈이다. 한 마디로, '현재를 즐겨라!'enjoy the present. 바로 이것이다. 여행, 항해, 파티 및 페스티벌 문화, 바캉스, 유머, 음악, 춤, 쇼, 극장 등이 서구에서 발달한 것은 이러한 문맥 때문이다.

그렇다고 동양인은 초월적 비전만 갖고 살았느냐 하면 그렇지 않다. 동양인이라고 해서 일체의 쾌와 무관하게 숲 속의 은자로 사는 것은 아니다. 다만 서구와는 다른 방식으로 나타났을 뿐이다. 서양이 외부지향적인 쾌락 추구였다면 동양은 내부지향적인 쾌락 추구를 중시했다. 즉 사교 모임, 여행, 항해 등 낯선 것에의 동경과 탐색은 서구적 쾌락 추구 유형이다. 제국주의 대부분의 국가가 서구라는 사실은 그들의 이러한 쾌락 추구의 결과라 해도 큰 탈이 없을 듯하다.

이에 반해 동양의 쾌락 추구는 '지금-여기'서 자기 자신이 최선을 다하는 데 있다. 가령 "하루를 열심히 살면 세상에 어려울 게 없다."日勤天下無難事든가 순자의 "세상의 시작은 바로 오늘"天地始者 今日是也이라는 말은 '지금-여기'에서 최선을 다하는 삶을 말한다. 이때 최선을 행하는 주체는 바로 '나'이고 시점은 '오늘'이라고 하는 현재다. 따라서 동양에서는 온 감각이 전일하게 열려 있는 유일한 순간인 '지금-여기'에서 내가 성실함으로써 쾌락은 얻을 수 있는 것으로 파악한다.

조주 선사는 말한다. "눈앞이 곧 길이다. 바로 여기서 출발하라." 그런가 하면 동기부여사 존 블룸버그는 그의 책 『까르페 디엠』의 첫 페이지에서 "지금 이 순간, 당신 삶에 충실하라."고 외친다. 눈앞 현실이 곧 생의 영속이니 그때그때 최선을 다한다면 그게 까르페 디엠이 아니겠는가?

· 저자 ·

이원희 **·약 력·**

전주에서 태어나 전북대학교 국어국문학과와 대학원을 마치고 경희대학교 대학원에서 문학박사학위를 취득하였다. 현재는 한국싸이버대학교에서 희곡 창작과 관련된 분야를 강의하고 있다. 극작가로 활동하면서 연극 리뷰와 비평을 월간 <예술세계>와 계간 <문학나무>에 연재하고 있다. 그간 쓴 책으로는 <전북연극사>, <어떻게 읽고 쓸 것인가>, <희곡 창작의 길>, 창작 희곡집 <유랑> 등이 있으며 엮은 책으로는 <박동화 유고희곡집>, <북한 5대 혁명연극> 등이 있다.

희곡 관련 수상한 실적은 문화관광부 전통연희추진위의 우수상, 국립극장 장막희곡 공모 창극 부문 가작, 성남문화재단 희곡 우수상과 세종문화회관 전통연희극 최우수상을 수상한 바 있다. 이 작품은 남산 한옥마을 내 전통국악당 개관기념으로 공연된 바 있다.

· 초판 인쇄	2008년 4월 30일
· 초판 발행	2008년 4월 30일
· 지 은 이	이원희
· 펴 낸 이	채종준
· 펴 낸 곳	한국학술정보㈜
	경기도 파주시 교하읍 문발리 513-5
	파주출판문화정보산업단지
	전화 031) 908-3181(대표) · 팩스 031) 908-3189
	홈페이지 http://www.kstudy.com
	e-mail(출판사업부) publish@kstudy.com
· 등 록	제일산-115호(2000. 6. 19)
· 가 격	30,000원

ISBN   978-89-534-9072-7 93070 (Paper Book)
        978-89-534-9073-4 98070 (e-Book)